期货交易者教育系列丛书

# 锡期货

中国期货业协会　编

中国财经出版传媒集团
中国财政经济出版社
北京

图书在版编目（CIP）数据

锡期货／中国期货业协会编．--北京：中国财政经济出版社，2024.4
（期货交易者教育系列丛书）
ISBN 978-7-5223-2660-3

Ⅰ.①锡… Ⅱ.①中… Ⅲ.①锡-期货交易-基本知识 Ⅳ.①F830.93

中国国家版本馆 CIP 数据核字（2024）第 013629 号

责任编辑：张 莹　　责任校对：张 凡
封面设计：王 颖　　责任印制：党 辉

**锡期货**
**XI QIHUO**

中国财政经济出版社 出版
**URL**：http：//www.cfeph.cn
E-mail：cfeph@cfeph.cn

社址：北京市海淀区阜成路甲 28 号 邮政编码：100142
营销中心电话：010-88191522 编辑部电话：010-88190912
天猫网店：中国财政经济出版社旗舰店
网址：https：//zgczjjcbs.tmall.com
中煤（北京）印务有限公司印刷 各地新华书店经销
成品尺寸：170mm×230mm 16 开 10.5 印张 156 000 字
2024 年 4 月第 1 版 2024 年 4 月北京第 1 次印刷
定价：31.00 元
ISBN 978-7-5223-2660-3
（图书出现印装问题，本社负责调换，电话：010-88190548）
本社质量投诉电话：010-88190744
**打击盗版举报热线：010-88191661 QQ：2242791300**

# 《期货交易者教育系列丛书》
# 编委会

# 前 言

我国期货市场经过30多年发展，经历了从无到有、从小到大、从乱到治，走出了一条独具特色的道路，取得了令人瞩目的成就。30多年来，期货市场的规则体系不断完善，品种创新有序推进，风险管理工具进一步丰富，对外开放进程明显加快。期货市场的规模稳步扩大，市场交易者结构逐步优化，资产管理和风险管理等创新业务探索取得初步成效。期货市场整体运行质量和效率不断提高，发现价格、管理风险和配置资源的基础功能得到发挥，在服务实体经济、促进产业升级、助力乡村振兴和维护国家经济金融安全等方面发挥着越来越重要的作用。

随着我国期货市场规模的不断发展壮大，新的市场参与者特别是个人交易者呈持续上升趋势。交易者是期货市场的重要主体，期货市场的发展离不开交易者的积极参与。中小投资者是我国现阶段资本市场的主要参与群体，但处于信息弱势地位，抗风险能力和自我保护能力较弱，合法权益容易受到侵害。维护中小投资者合法权益是证券期货监管工作的重中之重，关系广大人民群众的切身利益，是资本市场持续健康发展的基础。因此，当前我国期货市场正处于快速发展时期，做好期货交易者教育工作意义深远。

2013年，《国务院办公厅关于进一步加强资本市场中小投资者合法权益保护工作的意见》（以下简称《意见》）发布，指出要强化中小投资者教育，加大普及证券期货知识力度。将投资者教育逐步纳入国民教育体系，有条件的地区可以先行试点。充分发挥媒体的舆论引导和宣传教育功能。证券期货经营机构应当承担各项产品和服务的投资者教育义务，保障费用支出和人员配备，将投资者教育纳入各业务环节。提高投资者风险防范意识。自律组织应当强化投资者教育功能，健全会员投资者教育服务自律规则。中小投资者应当树立理性投资意识，依法行使权利和履行义务，养成良好投资习惯，不听信传言，不盲目跟风，提高风险防范意识和自我保护能力。2019 年 3 月，中国证监会、教育部联合印发了《关于加强证券期货知识普及教育的合作备忘录》（以下简称《合作备忘录》），旨在学校教育中大力普及证券期货知识，推动全社会树立理性投资意识，提升国民投资理财素质，维护社会和谐稳定。2022 年 8 月 1 日，《期货和衍生品法》正式施行，确立了期货交易者权益保护制度。

随着《意见》的深入贯彻和落实，我国中小投资者保护工作取得了积极成效，围绕期货交易者教育工作，期货市场的监管部门、自律组织与中介机构都深入进行了大量形式多样、内容丰富、卓有成效的工作。由中国期货业协会组织编写的本套《期货交易者教育系列丛书》，就是协会按照行政监管部门统一部署，贯彻落实期货交易者教育工作的重要措施之一，也是协会积极响应《关于加强证券期货知识普及教育的合作备忘录》要求，推动期货知识进校园、进课堂、纳入国民教育体系的切入点。本丛书是为期货交易者编写的一套普及性读物，以广大普通交易者为服务对象，兼顾了专业机构的需求，采取简单明了的问答体例，在语言上力争做到深入浅出、通俗易懂、可读性强。衷心地希望本丛书的出版能够为期货交易者了解期货市场、树立风险意识、理性参与期货交易提供有益的帮助。

在此，我们对所有在本丛书编写和出版过程中付出辛勤劳动的朋友表示衷心感谢。由于编写时间紧迫，书中错误和疏漏在所难免，恳请读者批评指正。

**中国期货业协会**

2024 年 4 月

# 目　录

# 第一章

# 了解金属锡

**本章要点**

本章主要介绍三个内容。首先，介绍锡的基本属性，锡是一种柔软的、可延展的、银白色中微带淡蓝色的金属。锡具有光泽、无毒、不易氧化变色的特点，也有很好的杀菌、净化、保鲜效用。其次，介绍了锡的生产工艺。最后，简要叙述了锡产业链结构。大致为：锡矿——锡锭——各种锡材（如锡箔、镀锡板）、锡焊料、锡化合物、锡合金等，对应的主要应用领域分布在电子、医药、食品、化工等多个行业。

## 一、锡是一种什么样的金属？

### （一）锡的自然属性

锡是一种银白色金属，微带淡蓝色，柔软、可延展，元素符号为 Sn，原子序数为 50，密度为 $7.365g/cm^3$（20℃），熔点为 231.9℃，沸点为 2270℃。锡化学性质稳定，容易进行挤压、拉伸、锻造和切割，抗腐蚀、易熔，摩擦系数小。此外，锡的展性好而延性差，因此能制成很薄的锡箔而不能拉成锡丝。

锡在地壳中的含量为 0.004%，几乎都以锡石（氧化锡，即二氧化锡 $SnO_2$）的形式存在，也有极少量的锡的硫化物矿。锡有三种同素异形体——白锡、灰锡、脆锡，我们一般所说的锡即指白锡，在 -13.2℃ ~ 161℃稳定。当温度低于 -13.2℃时，白锡开始转变为粉状的灰锡。灰锡的晶体结构是与钻石、硅和锗类似的钻石型晶体结构。灰锡因为其原子间形成了共价结构，电子不能自由转移，所以没有任何金属性。灰锡是暗灰色的粉状物，除了一些非常特殊的半导体应用，日常用途不大。在低温下，白锡转化为灰锡的现象常被称为“锡疫”。这个现象最早由亚里士多德发现。未染上“锡疫”的锡板，一旦和有“锡疫”的锡板接触，也会产生灰色的斑点而逐渐“腐烂”掉。这个过程的转化温度会因存在杂质如铝和锌而降低。在锡中加入锑或铋可以防止锡的退化，促进锡的延展性。这是由于铋原子中有多余的电子可供锡的结晶点阵，使锡的晶体结构稳定化，完全消除“锡疫”的可能性。当温度高于 161℃时，白锡转为脆锡，直至达到熔点（231.9℃）全部呈液态。因此，可以说锡既“怕冷”又“怕热”。

化学性质方面，锡受水锈蚀的影响很小，但易被酸和碱腐蚀。锡可以被高度地抛光，可被用作其他金属的保护层。常温下锡在空气中稳定，其原因是锡表面生成一层致密的氧化物薄膜，阻止其进一步氧化，白锡和其他的锡合金表面都会形成这样的保护层。当氧气存在于溶液中时，锡会变成一种催化剂，加速化学腐蚀。在空气中加热后锡可以形成 $SnO_2$。$SnO_2$ 是弱酸性的，与熔融碱反应可以形成锡酸盐。$SnO_2$ 可以直接与氯和氧反应。在稀酸中 $SnO_2$ 可以取代氢离子。由于在周期表中处于金属和非金属之间，锡同时具有两者的特性。作为金属，可氧化至二价锡和较稳定的四价锡，作为非金属，锡可和碳、氧等非金属组成分子。尤其是碳可以和锡形成很多有机锡化合物，应用很广泛（见图 1－1）。

图 1－1　锡锭

资料来源：公开资料。

### （二）锡的主要用途

锡很容易与铁结合，被用来做铅、锌和钢的防腐层。涂锡的钢罐多用于贮藏食物，这是金属锡的一个重要市场。锡是一些重要合金如青铜、巴氏合金等的组成部分。氯化锡在印刷术中被用作还原剂和媒染剂。锡盐喷在玻璃上可以形成导电的涂层。这些涂层被用在防冻玻璃上。一般玻璃板是将熔化的玻璃浇在锡板上形成的，来保证玻璃面的平坦和光滑。

由于锡具有熔点低、展性好、易与许多金属形成合金、无毒、耐腐蚀以及外观美观等特性，被广泛应用于电子、食品、汽车、医药、纺织、建筑、工艺品制造等多个行业。锡的用途主要集中在锡焊料、镀锡板（马口铁）、锡化工等领域，大体可分为四类。

一是在电子工业中用作锡焊料。主要是指用锡基合金做的熔点较低的焊料，锡焊料是锡在电子行业中的主要应用，用于电子焊接，该领域目前占我国锡下游应用的60%，起着机械连接、电连接和热交换等作用。

二是用于制造镀锡薄板。俗称马口铁，其具有良好的密封性、保藏性、避光性、坚固性、抗腐蚀性，无毒且有特有的金属装饰魅力，被广泛应用在罐头、饮料等食品的包装行业、军工、仪表、电器以及其他工业中。

三是锡化合物。锡的有机化合物主要用作木材防腐剂、农药等，锡的无机化合物主要用作催化剂、稳定剂、添加剂、和陶瓷工业的乳化剂等。化工用锡主要集中在五个方面：PVC 热稳定剂、杀虫剂、催化剂、农业化肥和玻璃镀膜。

四是锡合金。最常见的合金有锡、锑、铜合成的锡基轴承合金，以及铅、锡、锑合成的铅基轴承合金，它们可以用来制造汽轮机、发电机、飞机等承受高速高压机械设备的轴承。其他锡合金还被广泛应用于船舶、化工、建筑、货币、活字印刷等工业，以及原子能、航空、超导材料和宇宙飞船制造等尖端技术领域。

锡在其他领域也有应用。例如电子工业用材料，用作高纯试剂；用于还原剂以及有机合成；用于制造电碳制品、摩擦材料、含油轴承以及粉末冶金结构材料、在冶金工业中和合金钢的添加剂；也用于耐火材料与特种玻璃、集成电路、天线等多方面（见图 1 -2）。

**图 1 -2 锡箔**

资料来源：公开资料。

### （三）锡的历史

锡是人类最早发现并得到广泛应用的金属之一，英文名称：Tin，元素符号 Sn，源于拉丁文 Stannum，史前时代就已被发现。由于自然界的锡很少呈游离状态存在，因此就很少有纯净的金属锡。含锡的主要矿物是锡石，其化学成分为二氧化锡，只要把锡石与木炭放在一起烧，木炭便会把锡从锡石中还原出来。公元前 4000—前 3000 年，人类就开始使用锡。根据历史文献记载，锡于公元前 3500 年在美索不达米亚南部的乌尔市（现称为伊拉克）首次以合金形式被使用，于土耳其首次被开采和提炼，当合金经过开采后变成一种用于抗腐蚀的银色金属。锡也是大名鼎鼎的“五金”——金、银、铜、铁、锡之一。在我国古代，锡被用来与铜铸成合金制成“青铜”，这不仅会使其熔点更低，也能使其更易于加工，但生产出来的金属则会更坚硬，是工具和武器的理想材料。此项应用，成就了历史上一个著名的文明发展阶段——“青铜器时代”，也由此开启了人类利用金属的序幕。

大规模开采锡矿始于 19 世纪工业化以后，尤其是 20 世纪初，随着锡工业的不断发展，锡逐渐成为现代工业不可缺少的关键稀有金属，主要用于生产马口铁、电镀、腐蚀科学、焊接、材料、锡化工产品及锡的其他冶金用途，被广泛应用于电子、信息、电器、化工、冶金、建材、机械、食品包装、航天、船舶、燃料、原子能及宇宙飞船等尖端科技领域。被称为“工业味精”。1970 年后，人们把锡用于防止空气污染。汽车废气中的有毒气体一氧化碳，在 300℃时，在二氧化锡的催化下，可大部分转化为二氧化碳。随着现代科技的飞速发展，锡在工农业生产，以及尖端科技部门中，有了越来越广泛的应用。

**延伸阅读**

在古代，最早被发现并得到广泛应用的金属就是铜和锡。锡和铜的合金就是青铜，由于性能优良，一经发现就很快得到了广泛的应用，并在人类文明史上写下了极为辉煌的一页——青铜器时代。锡器的使用可以追溯到公元前 3700 年。在公元前 36 世纪锡就被用来硬化铜。古时候，人们常在井底放上锡块，净化水质。在日本宫廷中，精心酿制的御酒也是用锡器作为盛酒的器皿。大约公元前3000年，埃及、美索不达米亚和印度河流域的人们就开始使用青铜（锡铜之比为3∶7）了。考古学家在埃及第十八王朝（公元前1580—1350年）的坟墓中发现了一个锡环和朝圣瓶。我国最早开采和使用锡大约在公元前700年，现在的云南地区是我国最早发现有锡开采使用的地区。战国时期锡就是制造武器的主要材料，相传无锡在战国时期盛产锡，但战争使锡矿被用尽，无锡因此得名，人们以此作为天下没有战争的寄望。在我国的一些古墓中，便常发掘到一些锡壶、锡烛台之类的锡器。据考证，我国周朝时，锡器的使用已十分普遍了。纯净的锡也被发现于马丘比丘，印加人的山上城堡。在埃及的古墓中，也发现有锡制的日常用品。锡器平和柔滑的特性，高贵典雅的造型，历久常新的光泽，历来深受贵族人士的青睐，在欧洲更成为古典文化的一种象征，能制成多种酒具、烛台、茶具、花瓶等。

## 二、锡是如何开采和冶炼的?

根据锡矿资源埋藏深度划分，锡矿石开采流程可分为露天开采、地下开采两类（见图1-3、图1-4）。全球锡矿开采方式以地下开采为主，其次是采砂船及水枪—沙砾泵采砂锡矿，硬岩矿物露天开采相对较少。

锡矿石开采流程可概括为采、剥、铲、装、运五个环节。其中，涉及的核心技术为工程爆破技术，该技术包括爆破方案设计及现场施工工艺和管控，具体实施方案需综合考量所开采矿山岩石硬度及矿山结构。爆破开采方案设计合理性及可实施性直接影响锡矿企业对开采进度及开采成本的控制。在露天开采中，爆破施工方案为台阶爆破，主要涉及矿山台阶高度及底部抵抗线长度问题，具体设计参数包括爆破作业面孔网参数、炸药单耗及布孔深度。在地下开采中，所采用工程爆破方案为巷道爆破，该方案除需要综合考量所采矿山岩石硬度及矿山结构外，还需结合巷道掘进深度及断面结构进行方案设计。具体设计参数包括孔网参数、掏槽眼结构、炸药单耗及布孔方式。

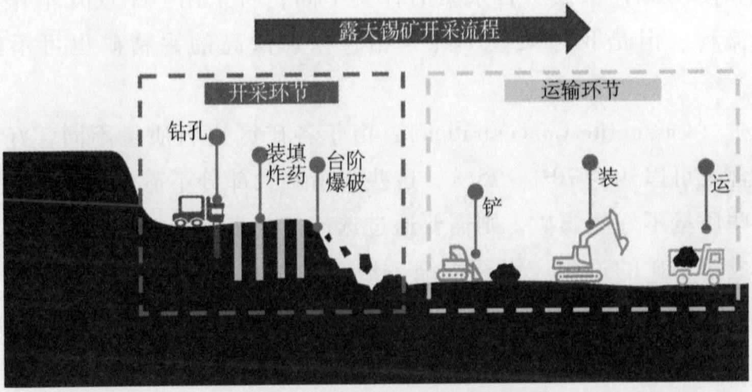


图 1-3　露天锡矿开采流程

资料来源：Wind，头豹研究院整理编辑。

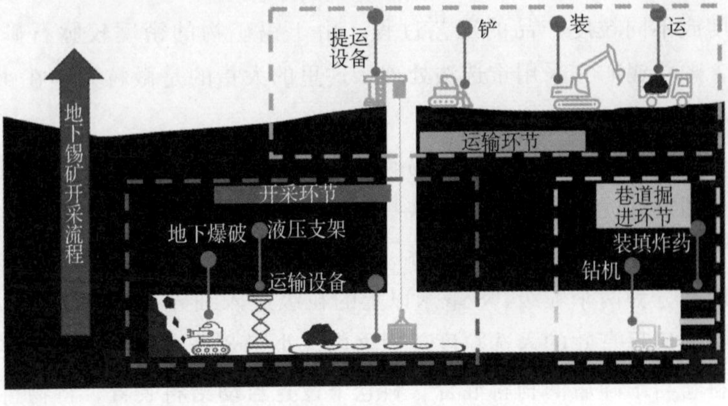


图 1-4　地下锡矿开采流程

资料来源：Wind，头豹研究院整理编辑。

锡的冶炼方法主要取决于精矿（或矿石）的物质成分及其含量。一般以火法为主，湿法为辅。锡锭生产工艺主要可以分成以下三步：炼前处理/选矿、提取精炼/还原熔炼、熔渣废渣再次利用。

### （一）炼前处理/选矿（Cassiterite Concentration）

炼前处理是为了除去对冶炼有害的硫、砷、锑、铅、铋、铁、钨、铌、钽等杂质，同时达到综合回收各种有用金属的目的。炼前处理的方法包括癣焙烧和浸出等，根据所含杂质的种类不同，可采用一个或几个作业组成的联合流程。但是我国某些单纯含铅、铋、铁高的锡精矿也可不经炼前处理。

选矿（Cassiterite Concentration）：由于各矿区锡石质量不同，好的锡精矿的锡含量可以达到70%~75%，这些锡精矿大部分不需要选矿的步骤。而对于一些质量不好的锡矿，则需要通过选矿工艺来进行提纯，可以理解为把原矿变成锡精矿的过程。锡石浓缩一般有两种方法：第一种是重力分离法（gravity separation methods），第二种是泡沫浮选法（froth flotation techniques）。

重力分离法是用重力来分离密度不同的物质，主要是用在较大型的锡石中。锡矿生产工艺流程重选工艺是利用矿物的密度和粒度的差异，借助于介质流体和各种机械力的联合作用造成适宜的松散分层和分离条件，从而获得不同密度或不同粒度产品的工艺过程。由于锡矿物的密度较脉石矿物大得多，故含颗粒锡矿宜采用重选法处理。这里的大指的是微粒大小在45μm以上的锡石，一般是在水流附近。

选矿生产线的工艺流程为，锡矿经装载机给入圆筒洗矿机进行洗矿，由于矿石中的黏性泥土含量较高，这些黏性泥土包裹着锡矿物和废石，使之无法碎解，影响重选流程的正常进行，所以须进行洗矿。圆筒洗矿机可以把洗矿后的产品分为两个粒级，8毫米以上的粒级进入细碎机细碎，使物料粒度控制在重选流程有效的入选粒度范围之内。小于8毫米的物料经螺旋输送机输送至料仓与细碎后的物料混合。料仓下设置自动给料装置，将物料均匀给入往复式循环溜槽，或鼓动溜槽等其他重选设备（可根据颗粒度选择）。往复式循环溜槽作为重选流程的设备，其作用就是将锡石和废石分离，取得高纯度的锡石，抛弃不含锡的废石，达到选矿提纯的目的。该设备自动排矿，精矿则直接进入精矿池，尾矿自动排弃。

泡沫浮选也是较为常见的一种矿物分离的方法，通过锡石中不同元素亲水性（affinity to water）和疏水性（water repelling）将矿物分离开。疏水性的物质会以泡沫（froth）形式浮至水面，然后便可捞出，达到分离不同元素的目的。玻利维亚的锡石物质比较复杂，所以一般会使用泡沫浮选法来处理锡石，但即使处理后，也只能提取50%~60%的锡含量。

### （二）提取精炼/还原熔炼

精炼是从锡精矿中提取锡的主要环节，这个环节可以分为三个小步骤：熔前准备（preparation before smelting）、熔炼（smelting）、精炼（refining）。

熔前准备：低品质的锡精矿会先送进550℃~650℃的熔炉灼烧（roasting）去除硫元素。根据锡精矿品质的不同，会采用氧化（oxidizing），还原（reducing）或者氯化（chlorinating）反应。通常在灼烧之后，还会用水或者酸溶液来过滤锡精矿表面因氧化反应产生的杂质。

熔炼：锡熔炼主要原理是把锡精矿（$SnO_2$）和碳加热通过化学反应变成锡金属和二氧化碳。在实践中，熔炉里面会放入锡精矿，焦煤或者无烟煤（包含碳）及石灰岩（熔融剂以帮助形成熔渣）。通常是用反应炉加热到1300℃~1400℃熔炼15个小时得到融化的锡，而熔渣（包含着大部分的杂质）会漂浮在熔浆最上层。熔炼结束后，不完全纯净的锡（impure tin）会出炉并铸成厚片，而熔渣会倒进水箱里凝固成熔渣颗粒。

精炼：不完全纯净的锡也可以叫粗锡。精炼粗锡一般有两种方式：火法精炼（fire refining）和电解精炼（electrolytic refining）。火法精炼是最普遍的方法，精炼出的锡可用作商业用途，锡含量可达99.85%。火法精炼锡包括三种方法：沸腾（boiling）、熔融（liquation）、真空蒸馏（vacuum distillation）。沸腾是把粗锡在容器里用压缩空气加热搅动，目的是氧化杂质。这些杂质会浮到表面形成渣屑（dross）。熔融是利用锡和其他物质熔点不同的特性，把粗锡放到有坡度的熔炉中，然后加热到锡的熔点，这样锡浆就会因为重力流下斜坡，而残渣会留存在熔炉中。真空蒸馏是利用锡和其他物质沸点不同的特性，通过蒸馏方式把其他物质蒸馏出去。

### （三）熔渣废渣再次利用

熔渣和废渣会在熔炼和精炼的过程中产出，在精炼过程中生成的渣可以通过还原剂和溶剂使其恢复成一开始的锡精矿，而熔炼中产生的富渣可以通过还原熔炼或者烟化炉挥发的方式还原成锡精矿（见图1－5）。

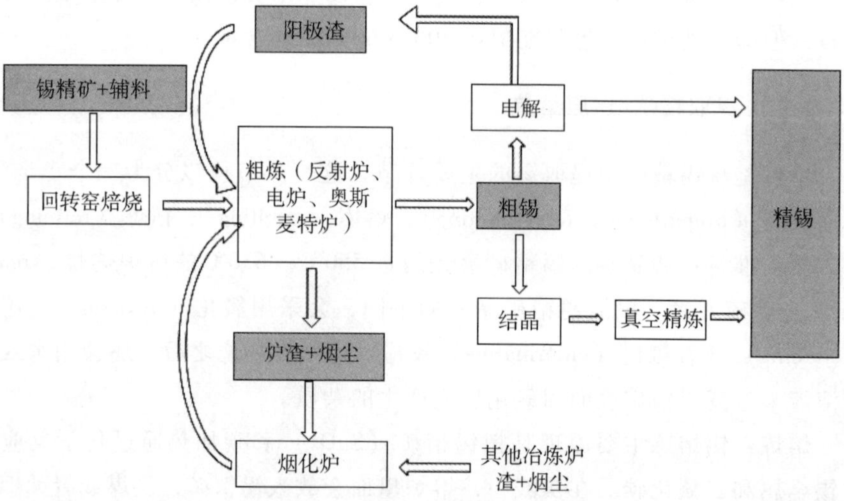


**图1－5 锡的一般生产工艺**

资料来源：安泰科。

## 三、锡的产业链结构是什么？

相对于镍等金属来说，锡的产业链较短、结构较为简单。锡产业链结构大致为：锡矿——锡锭——各种锡材（如锡箔、镀锡板）、锡焊料、锡化合物、锡合金等，对应的主要应用领域分布在电子、医药、食品、化工等多个行业。部分锡也来源于回收，相对原生锡来说产量较小，但近年来也有部分企业加大回收锡产能。

在自然界中，现已发现含锡矿物50余种，其中可供工业利用的锡矿石共3种。根据矿石形态划分，可供工业利用锡矿石可分为锡石、黄锡矿及硫锡铅矿。锡石主要成分 $SnO_2$，理论含锡量达 78.8%，黄棕色或棕黑色的粒状集合体，硬度为 6～7 公斤力/厘米帕，相对密度为 6.8～7.0 克/立方厘米。黄锡矿主要成分 $Cu_2FeSnS_4$，理论含锡量达 27.5%，钢灰色或灰黄色的粒块状集合体，硬度为 3～4 公斤力/厘米帕，相对密度为 4.3～4.5 克/立方厘米。硫锡铅矿主要成分 $PbSnS_2$，理论含锡量达 53.1%，灰黑色半透明的块状或放射状集合体，硬度 4～6 公斤力/厘米帕，相对密度为 4.8～6.0 克/立方厘米。

经过层层冶炼工艺后，生产出锡锭，也称作精锡。精锡经过压制、再造生产各类下游产品——以锡箔、型材、镀锡板为主的各种锡材；以锡氧化物、锡酸盐为主的无机化合物；以热稳定剂、催化剂为主的有机化合物；以焊丝、焊锡膏为主的焊料；以及以铜锡合金、巴氏合金为主的锡合金。对应终端十分分散，但大部分应用于半导体行业、消费电子、家电、汽车、光伏、化工、医药、农业、机械设备等领域（见图 1－6）。

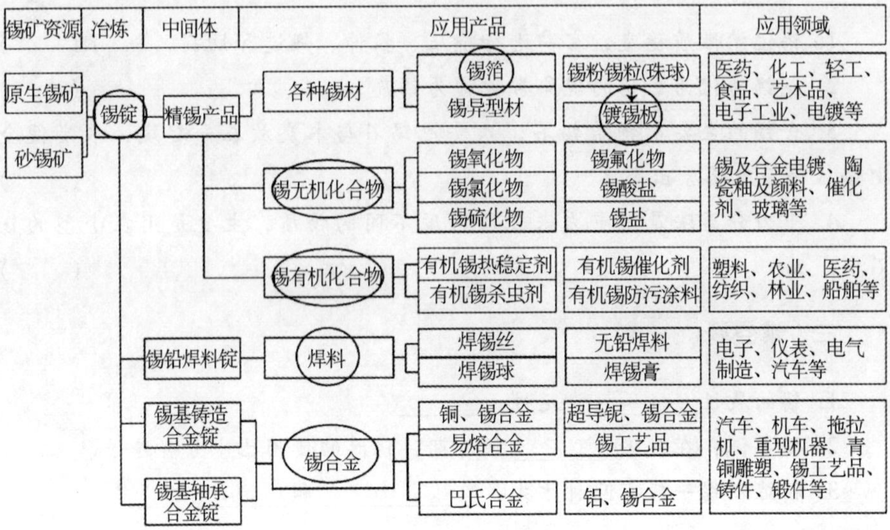


**图 1－6　锡的产业链结构**

资料来源：我的有色网。

## 自测题

### 一、选择题

1. （　　）不是锡的同素异形体。

A. 白锡　　B. 灰锡　　C. 硬锡　　D. 脆锡

2. 我国最早发现有锡开采使用的地区是（　　）。

A. 江苏　　B. 陕西　　C. 河南　　D. 云南

3. （　　）不是锡的主要用途。

A. 锡焊料　　B. 青铜器　　C. 镀锡板　　D. 锡化工

### 二、判断题

1. 锡化学性质稳定，容易进行挤压、拉伸、锻造和切割。（　　）

2. 灰锡转化为白锡的现象常被称为锡疫。（　　）

3. 含锡的主要矿物是锡石，只要把锡石与木炭放在一起烧，木炭便会把锡从锡石中还原出来。（　　）

4. 重力分离法是用重力来分离密度不同的物质，主要是用在小型的锡石中。（　　）

### 三、填空题

1. 锡的展性________，延性________。

2. 据考证，在我国________朝时期，锡器的使用已十分普遍了。

3. 精炼粗锡一般有两种方式：__________和__________。

## 参考答案

### 一、选择题

1. C　　2. D　　3. B

### 二、判断题

1. √　　2. ×　　3. √　　4. ×

### 三、填空题

1. 好；差　　2. 周　　3. 火法精炼；电解精炼

# 第二章

# 锡基本面概览

**本章要点**

本章主要介绍锡矿、锡锭，以及锡下游产业链的具体情况，涵盖了对锡上下游的供需分析以及基本面梳理。

## 一、全球锡矿资源的分布及贸易流向是怎样的？

作为世界上的稀有金属之一，全球锡储量仅为460万吨，储量基础约为1100万吨。在自然界中锡主要以自然元素、金属互化物、氧化物、氢氧化物、硫化物、硫盐、硅酸盐、硼酸盐等形式存在。目前已发现锡矿物和含锡矿物50余种，其中具有工业意义的主要矿物为：锡石、黄锡矿、圆柱锡矿、硫锡铅矿和辉锑锡铅矿等。目前全球已开采的锡矿主要有两类——原生锡和砂锡（见表2－1）。

表 2-1　　全球锡矿的主要两大类别

| 全球锡矿的主要类别 | 说明 |
|---|---|
| 原生锡 | 原生锡的矿床类型主要有：(1) 含锡伟晶岩矿床，以中小型为主，锡品位偏低，但矿石易选，回收率高。主要分布在非洲、巴西、澳大利亚等地。全球锡产量中大约10%来自这类矿床。(2) 锡石—石英脉矿床，以中小型为主，少数为大型，个别为特大型。矿石品位高，易选，回收率70%~80%。多数矿床可露天开采。主要分布于东南亚和欧洲，是形成锡矿的最主要物质来源。(3) 锡石—硫化物矿床，多为大中型，少数为特大型。矿石含锡0.2%~1.5%，多为地下开采，选矿流程复杂，回收率低（一般30%~60%），主要分布在中国、玻利维亚和俄罗斯东北沿海地区 |
| 砂锡 | 砂锡矿床，一般为中小型，也有大型和特大型。矿石含锡0.05%~0.3%，多为露采，选矿流程简单，回收率一般为50%~95%。主要分布于东南亚、中南非洲、西澳大利亚等地 |

资料来源：亚洲金属网，国泰君安期货研究。

锡矿床在全球分布广泛，各大洲都有锡矿发现（见图2-1）。按区域分布来看，锡矿呈带状分布，太平洋地区是主要蕴藏区，主要分布在东南亚和东亚两大锡矿带。东南亚锡矿带储量占全球总储量的60%，北起缅甸的掸邦高原，沿缅泰边境向南经马来半岛西部，延伸到印度尼西亚的邦加岛和勿里洞岛。东亚锡矿带：西起中国云南个旧，向东沿南岭构造带延伸到广西；南起朝鲜北部，经中国东北地区一直延伸到俄罗斯的西伯利亚等。按国家分布来看，根据美国地质调查局（USGS）数据，截至2021年，全球锡矿储量约为460万吨，锡矿资源主要集中在中国（110万吨，约占27.36%）、印度尼西亚（80万吨，约占19.90%）、澳大利亚（56万吨，约占13.93%）、巴西（42万吨，约占10.45%）、玻利维亚（40万吨，约占9.95%）、俄罗斯（20万吨，约占4.97%），上述七个国家查明资源储量约占全球总储量的71.02%（见图2-2）。全球探明锡矿资源供给静态保障年限约有18年，但由于全球锡矿资源的赋存特点为小型矿床多且分散，很多锡矿资源勘探程度没有达到可计算储量的标准，例如近年缅甸异军突起，成为全球主要产锡国之一，但其锡矿资源达到CRIRSCO标准储量级别的却并不清楚，同时不少小型矿山开采生命周期短，储量也没有得到统计，因此全球锡矿资源储量统计呈现出锡矿储量较少的特点，长期看来，伴随全球锡矿资源需求的不断上升和较少的新发现锡矿资源，全球锡矿资源的保障能力并不乐观。

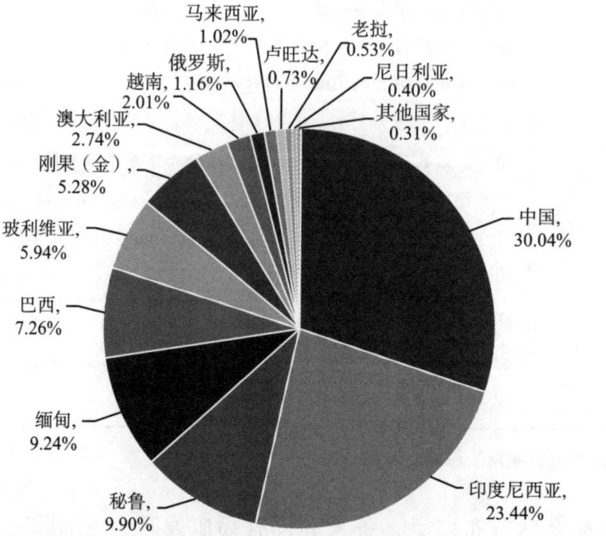


**图 2-1　2021 年全球锡矿产量分布**

资料来源：USGS，同花顺 iFinD，国泰君安期货研究。

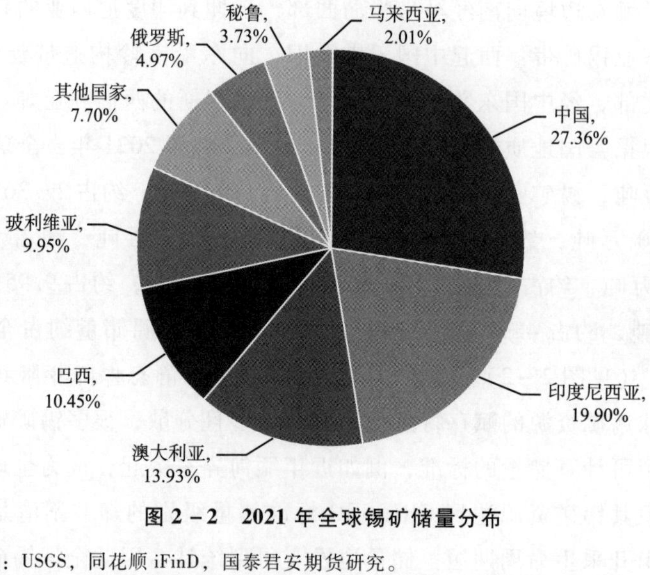


**图 2-2　2021 年全球锡矿储量分布**

资料来源：USGS，同花顺 iFinD，国泰君安期货研究。

印度尼西亚、缅甸和马来西亚等地区为目前全球最重要锡矿带之一，这些地区锡主要以砂锡矿为主，锡产量约占全球锡产量的50%。印度尼西亚锡矿资源储量在该区域最大，超过90%的锡资源主要集中在印度尼西亚天马公司，锡矿资源以砂锡矿为主。近年来，印度尼西亚天马公司不断加大勘查力度，锡资源量不断增加。缅甸主要以小型矿床为主，生产技术相对落后，由于勘查工作不甚详尽，因此资源储量统计不全。

中国是全球最大的锡资源储量国和产量国，锡矿资源主要集中在大兴安岭—甘珠尔庙成矿区、三江成矿带、康滇成矿区、个旧成矿区、钦川—马关成矿区、桂北成矿区、桂东成矿区、湘南粤北、赣南成矿区及东南沿海区（毛景文，1991；徐宪立等，2020；李聪，2020）。锡矿分布具有分布集中、类型齐全、伴生组分多、以大中型为主的特点。原生矿占资源储量的95%，集中分布在云南、广西、广东、湖南、内蒙古和江西6个省（自治区），合计占全国探明储量的98.42%，其余分布在青海、贵州、内蒙古、福建、辽宁、黑龙江、浙江和新疆等省（自治区）。

与其他基本金属相比，锡储量极少，且锡矿产量有下降的风险。从国内来看，云南、湖南、广西是最主要的生产地，内蒙古近年来作为国内最具有增长潜力的锡精矿生产区域备受关注，然而2021年内蒙古主要生产商银漫矿业因安全问题自2月3日起停产，8月才开始逐渐复产，锡矿整体产量受到了较大影响。此外，由于锡矿开采会对环境产生一定污染，随着全国各地对于环保督察的要求越来越高，开采证的办理也变得越来越难。根据ITA调研，目前国内唯一主要的新锡矿项目是内蒙古的维拉斯托项目，但受限于难以获得采矿证，该项目一再推迟投产。新的锡矿项目难以投产，同时老矿山的品位也在不断下滑。即使主要冶炼企业加大了勘探支出，也无法阻止全年新增锡资源量的逐年减少。

我国锡矿进口依赖度较高，2021年1月至10月进口锡矿量占国内总锡矿供给量的20%以上。而锡矿进口主要来自缅甸，2021年10月我国锡矿进口总量为19835实物吨，其中缅甸锡矿进口量就达16364实物吨，占比为82.5%。由此可见，缅甸锡矿端供应情况可以较大程度上扰动国内整体上游供给。然而自2018年起，缅甸锡矿品位经历了断崖式的下跌，产量有所下滑的同时，产出金属吨数量也快速下降。2021年缅甸锡矿进口品位约为

15%，较上年下滑约3%。尽管缅甸政府为了维持价格及出口稳定，于2021年中进行抛储，据估计抛储量超过3000金属吨，但2021年全年锡矿出口量仍较往年减少。

从全球角度来看，不仅是缅甸、中国，其他传统资源大国均面临着矿石开采量下降的情况（见表2-2）。从历年各国锡矿产量数据可以看出，除了刚果（金）之外，其余国家产量基本于2018年达到峰值，此后随着品位的下降以及开采成本上升而逐渐下降。虽然刚果（金）2021年开采量有所上升，但其主要锡矿生产商Alphamin表示，锡矿品位已经从2020年第二季度的3.9%下降至2021年第二季度的3.2%，呈现持续下降态势。总体来说，全球锡矿已经过了大力开采的资源井喷期，未来矿端供应可能会越发趋于紧张。

表2-2 全球各国锡矿产量 单位：吨

| 指标名称 | 全球 | 中国 | 印度尼西亚 | 缅甸 | 秘鲁 | 刚果（金） | 玻利维亚 | 巴西 |
|---|---|---|---|---|---|---|---|---|
| 2020年 | 270000 | 81000 | 66000 | 33000 | 18000 | 17000 | 15000 | 13000 |
| 2019年 | 296000 | 84500 | 77500 | 42000 | 19900 | 12200 | 17000 | 14000 |
| 2018年 | 318000 | 90000 | 85000 | 54600 | 18600 | 7400 | 16900 | 17100 |
| 2017年 | 313000 | 93000 | 83000 | 47000 | 17800 | 9500 | 18500 | 18000 |
| 2016年 | 288000 | 92000 | 52000 | 54000 | 18800 | 5500 | 17000 | 25000 |
| 2015年 | 289000 | 110000 | 52000 | 34300 | 19500 | 6400 | 20000 | 25000 |
| 2014年 | 286000 | 96000 | 76000 | 25000 | 23100 | 6400 | 19900 | 14700 |
| 2013年 | 294000 | 110000 | 95200 | 11000 | 23700 | 3000 | 19300 | 12000 |
| 2012年 | 240000 | 110000 | 41000 | 11000 | 26100 | 4000 | 19700 | 10800 |
| 2011年 | 244000 | 120000 | 42000 |  | 28900 | 2900 | 20300 | 11000 |
| 2010年 | 265000 | 120000 | 56000 |  | 33800 | 6700 | 20200 | 11000 |

资料来源：iFind，国泰君安期货研究。

贸易流方面，从锡矿贸易整体来看贸易流较为简洁。以缅甸、刚果（金）、尼日利亚、玻利维亚、澳大利亚等资源丰富地为主要出口国，中国、泰国、马来西亚等精锡冶炼贸易集中地为主要进口国。

## 二、全球锡锭生产格局及贸易流向是怎样的？

锡冶炼厂从富含锡元素的矿石中可冶炼出的锡。锡锭是锡的产品形式，是一切锡深加工的基本原料。作为锡矿的生产下游产品，锡锭可作为一种精锡产品的直接上游，与精炼锡工序紧密相关。

从全球来看，主要精锡生产国为中国、印度尼西亚、马来西亚、秘鲁、泰国等，这与全球主要锡矿进口国基本保持一致。2019 年中国精炼锡产量占全球总量的 49%，印度尼西亚约占 22%，马来西亚占比为 6%，秘鲁和巴西占比均为 5%，玻利维亚占比为 4%，泰国占比为 3%。锡的生产较为集中，世界锡业协会（ITA）对全球锡冶炼厂进行调研并编制了世界上产量最大的生产商的年度名单，2021 年全球前 10 名公司生产了全球 59% 的锡，低于 2020 年的 67%。同时，国内的锡冶炼厂分布较为集中，主要在云南、江西、广西三个省份，而仅云南锡业一家的产能就占到全国精炼锡总产能的近 50%，可见锡在冶炼端的集中度仍然较高。

2021 年，全球精锡产量从疫情导致的低点反弹，全球大多数冶炼厂（包括前 10 名中的许多冶炼厂）都度过了相对“正常”的一年。云锡公司仍然是全球最大的精锡生产商，而文托等其他公司则重新进入前 10 名。MSC 受到马来西亚政府严格的疫情管控约束，与 2020 年相比，其产量大幅下降。总体而言，2021 年全球精锡产量达到 378400 吨，比 2020 年的 339400 吨增长 11%。

精锡贸易流方面，印度尼西亚是全球最大的精锡出口国，虽然中国、缅甸、刚果（金）等是锡矿资源富有的国家，但是在全球精锡出口中占比不高。例如，中国资源丰富，本地精锡冶炼贸易产业链发达，本地锡矿一般不对外出口，甚至需要进口锡矿来保证国内精锡产能，且我国下游产业链健全、消费旺盛，绝大部分精炼锡能被国内消化，所以对外出口锡锭较少。而缅甸、刚果（金）等地情况有所不同，其冶炼及下游产业链的缺失使其成为完全的资源出口国，所以鲜少有锡资源以精炼锡的形式对外出口。印度尼西亚则是生产出精炼锡后，向全世界输送。此外，马来西亚、秘鲁、巴西、玻利维亚也对外出口锡锭，这些国家的精锡出口量约占全球各国总出口量的50%。

进口方面，全球锡锭主要流向美国、中国、日本、韩国，以及欧洲部分发达国家。这些国家也基本是全球主要的精锡消费国，这些国家的电子、家电、汽车等产业较为发达，下游生产向终端需求旺盛的地方靠拢。美国、日本、荷兰、新加坡、德国、韩国等国家锡进口量约占全球各国总进口量的60%。2011—2020年全球精锡消费量见图2-3，2020年锡消费国占比见图2-4。

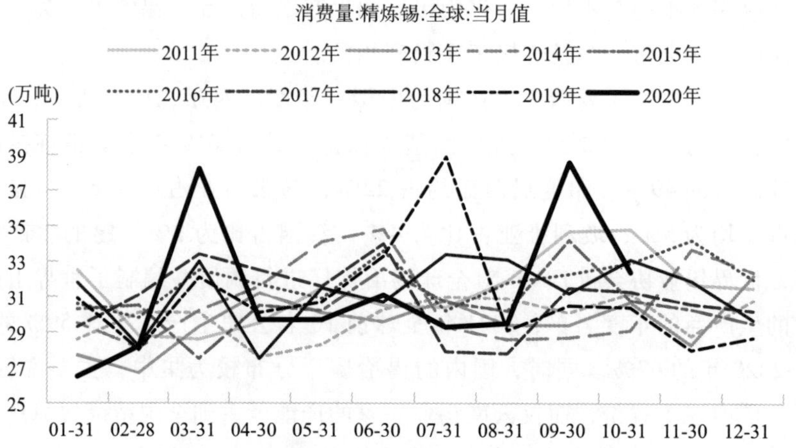


**图2-3 全球精锡消费量**

资料来源：Bloomberg，国泰君安期货研究。

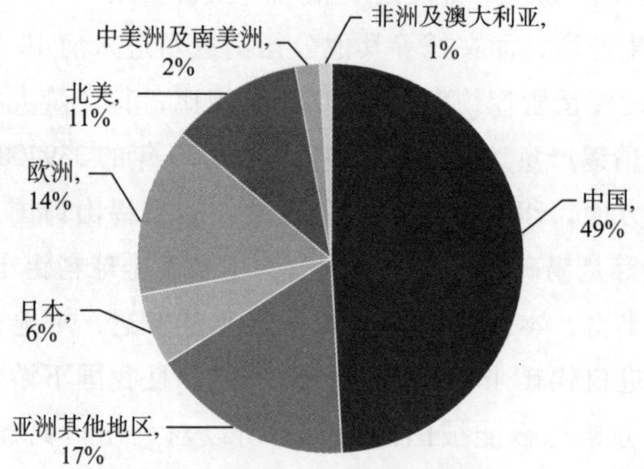


**图2-4 2020年锡消费国占比**

资料来源：Bloomberg，国泰君安期货研究。

## 三、锡下游以及终端领域应用是怎样的

根据2021年全球精炼锡消费结构可以看出，在锡的下游消费中，焊锡是最大的占比分项，在2021年全球精炼锡消费中约占49%。其次是锡化工，占比17%。而镀锡板、铅酸蓄电池、铜锡合金分别占比12%、7%、7%。此外，还有8%的锡应用在其他终端领域中（见图2-5）。

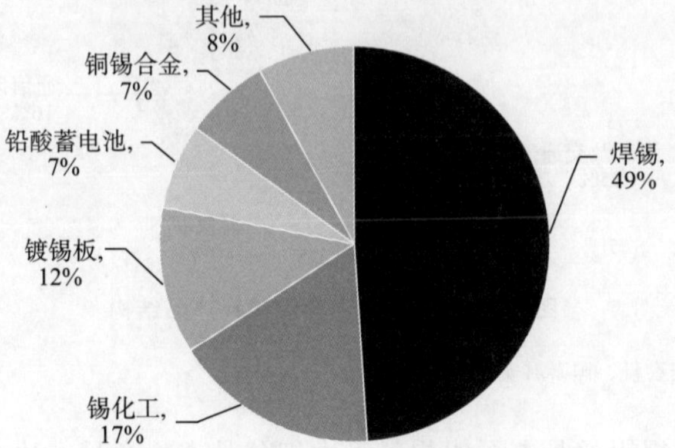


**图2-5　2021年全球精锡消费应用**

资料来源：安泰科，国泰君安期货研究。

电子锡焊料是指用于焊缝、堆焊层和钎缝中锡金属材料的总称。根据作用不同，锡焊料可分为锡膏、焊锡条、焊锡丝、BGA球、预成型焊片等。电子锡焊料主要起到连接、导电、导热作用，具有导电性能好、延展性好、附着力强、机械强度高、抗腐蚀性能好等优点。焊锡的终端应用领域则分布极为广泛，具体来看，计算机、通信设备等消费电子是目前国内电子锡焊料最大应用市场。生活消费品占比为23%，通信设备占比为16%，计算机占比为16%，汽车交通占比为15%，其余为工业设备、光伏等领域（见图2-6）。近年来，在国内消费电子、汽车电子等产业快速发展以及焊接技术不断进步

背景下，电子锡焊料作为电子材料的重要组成部分，其市场需求不断增加。2021 年，我国消费电子市场规模为 18126.3 亿元，同比增长 4.6%。在此背景下，根据新思界产业研究中心发布的《2022—2026 年电子锡焊料行业深度市场调研及投资策略建议报告》，2021 年国内电子锡焊料产量约为 16.8 万吨，同比增长 7.6%。

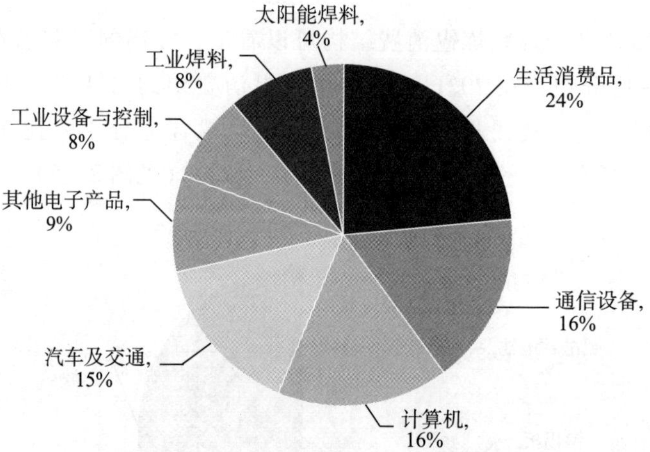


**图 2－6　2021 年中国焊锡料产品结构**

资料来源：安泰科，国泰君安期货研究。

焊锡条与焊锡丝是电子锡焊料最大细分品类，产量占比共计 73%。目前，国内焊接条、焊接丝市场国产化程度较高。锡膏是电子锡焊料重要细分品类，现阶段，国内锡膏企业数量众多，市场竞争较为激烈，但主要市场份额仍由国际领先企业占据。预成型焊片是电子锡焊料高端品类，目前预成型焊片市场由国外企业占据主导地位，国内行业起步时间较晚、产量较低。

### （一）汽车用锡

中国经济高速增长，居民消费的重点已从日用家电转向大额的住房和汽车。正是在这种消费趋势下，汽车行业近年来保持了相当高的增长率，这为汽车行业的发展奠定了非常好的基础，汽车工业制造呈现空前的繁荣趋势。

汽车工业中，焊接是汽车零部件与车身制造的一个关键环节，起着承上启下的特殊作用，同时，汽车产品的车型众多、成形结构复杂、零部件生产专业化、标准化以及汽车制造在质量、效率和成本等方面的综合要求，都决定了汽车焊接加工是一个多学科、跨领域和技术集成性强的生产过程。

随着科技的发展，锡在汽车中的应用，不仅局限于焊接，新能源汽车的市场渗透率不断提高，锡在锂电池中的独特运用也凸显了出来。随着新一代阳极电极材料进入市场，锂离子电池竞争进入了一个新阶段，纯硅或硅碳阳极已经作为传统石墨产品的升级产品向市场推出。理论上，硅能够将比能量容量提高3倍，并将总电池容量提高40%。然而，锡可以通过加速电极内的锂离子显著提高硅的性能。与锡相比，硅的导电性和锂离子扩散相对较低。已经有实验证明，仅添加2%甚至更少的锡就可以显著提高阳极材料中硅的能量密度，锡显著降低了结构的电阻，使硅的锂化速度更快。锡的加入使硅纳米线的锂化速率提高了一个数量级，表面扩散提高了两个数量级，从而减缓了孔隙形成，通过简单地添加少量锡，硅纳米线的容量在高充电率和低充电率上都翻了一番。

阿根廷科尔多瓦国立大学的研究表明，石墨阳极中存在“锡和硅之间相互作用的涌现效应”。该团队以1:1:1的比例研磨锡、硅和石墨粉末。将所得纳米颗粒混合物加热两个小时形成阳极。随后的尖端实验表明，这种复合阳极可以在锂离子电池中保持高速率的能量传输，即使经过100多次充电循环后也是如此。科学家们得出结论，锡提供了一种物理约束，可防止硅和石墨纳米粒子分离并最终延长硅和石墨阳极的使用寿命。一段时间以来，硅一直被吹捧为提高锂离子阳极性能的材料，理论上，硅负极的能量密度是石墨的10倍。然而，在充电过程中，锂离子会插入硅阳极，迫使电极膨胀至其原始尺寸的4倍。诸如此类的研究旨在找到防止阳极破裂、失效和缩短电池寿命的方法（见图2-7）。Xin Fengxia 和合著者诺贝尔奖获得者 Stanley Whittingham 在他们2020年的论文中提到，“锡基材料是下一代锂离子电池阳极的有力候选者，因为它们具有更高的体积容量和相对较低的工作潜力”。

图 2-7 锂离子电池

资料来源：ITA。

## （二）光伏用锡

锡作为高端电子行业必不可少的焊接原材料，在光伏中也有着重要的作用。锡在光伏模组中主要用于光伏焊带。光伏焊带又称镀锡铜带或涂锡铜带，一般来说，光伏焊带中锡含量约为17%，主要应用在电池片串联焊接和电池方阵并联层叠两个环节，分别称作汇流带和互连条，发挥导电聚电的重要作用，其质量好坏会直接关系电流的收集效率（见图2-8）。

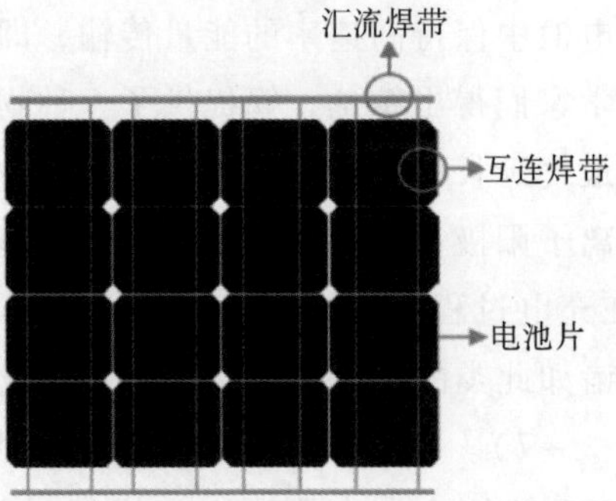


图 2-8 锡在光伏模组中主要用于光伏焊带中

资料来源：ITA，国泰君安期货研究。

除此之外，在较为前沿的科技实验中，锡被使用在太阳能背膜（back

sheet/back film）中。根据NREL的2021年数据，Perovskite solar cells（PSC）作为薄膜电池中的一种（目前薄膜电池整体市场份额占比约为5%），拥有高表现（high performance）和低成本的优点，其光能转化率约为25%，并在逐年上升。在最新的研究中，锡被转化成$SnO_2$（Tin oxide），并被科学家尝试作为PSC的半导体，达到导电的目的。但由于此技术还不是特别成熟，所以锡在光伏领域的应用主要还是集中于光伏焊带上（见图2-9）。

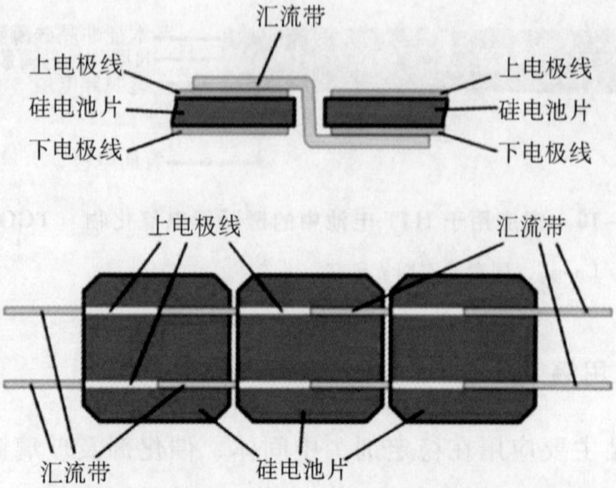


**图2-9　光伏焊带中汇流焊带用锡量较大**

资料来源：Pengky科技，国泰君安期货研究。

目前来说，晶硅电池仍然占市场最主流地位，晶硅电池中占比最大的电池类型是P型电池中的PERC电池，用锡量相对较大，而N型电池中的HJT电池用锡量很小，这是由于在异质结电池中，锡并不是以焊带为载体进行使用，而是在透明导电氧化物（TCO）中存在。HJT电池全称本征薄膜异质结，是中间夹N型晶体硅、正反面沉积本征非晶硅薄膜和P型非晶硅薄膜形成的P-N结的对称双面电池结构，而在双面沉积的透明导电薄膜则充当了导电的角色。目前，应用最多的几种TCO材料有氧化铟锡（ITO）、掺铝的氧化锌（AZO）、掺氟的氧化锡（FTO）、掺锑的氧化锡（ATO）等（见图2-10）。

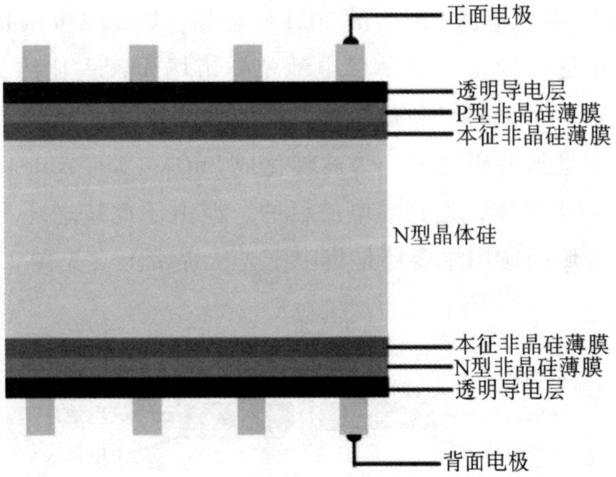


**图 2-10 锡应用于 HJT 电池中的透明导电氧化物（TCO）中**

资料来源：Solar Energy，国泰君安期货研究。

### （三）化工用锡

锡化工产品主要应用在稳定剂、中间体、催化剂及玻璃镀层等方面，其中用量最大的领域为 PVC 稳定剂，约占化工用锡量的 70%，PVC 热稳定剂中锡含量相对较低，占比为 15%~20%，平均占比约为 17%，但作为 PVC 生产过程必需的辅助材料，将受 PVC 产量变化影响。锡下游生产工艺见图 2-11，2019 年锡化工终端应用占比见图 2-12。

### （四）镀锡板

镀锡板是指表面镀有一薄层金属锡的钢板。它将钢的硬度和强度与锡的易焊接性、抗腐蚀性和光亮的外表集于一体，具有良好的抗腐蚀性能，有一定的强度和硬度，成型性好又易焊接，锡层无毒无味，能防止铁溶进被包装物，且表面光亮，印制图画可以美化商品。主要用于食品罐头工业，其次用于化工油漆、油类、医药等包装材料。这种镀层钢板在中国很长时间内被称为“马口铁”，有人认为当时制造罐头用的镀锡薄板是从澳门（英文名 Macao 可读作马口）进口的，所以叫“马口铁”。也有其他说法，如中国过去用这种镀锡薄板制造煤油灯的灯头，形如马口，所以叫“马口铁”。1973

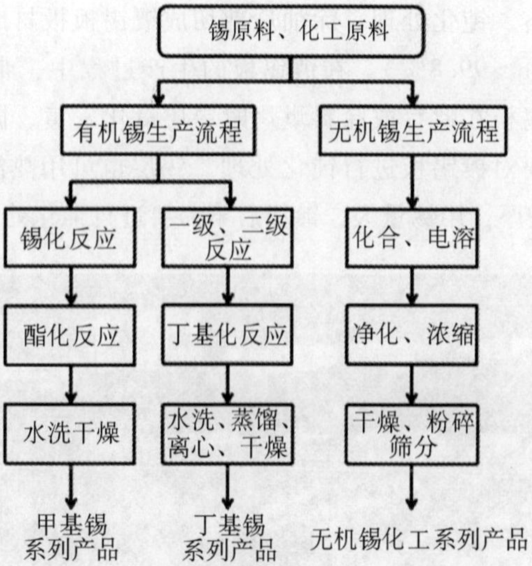


**图 2-11　锡下游生产工艺**

资料来源：公开资料。

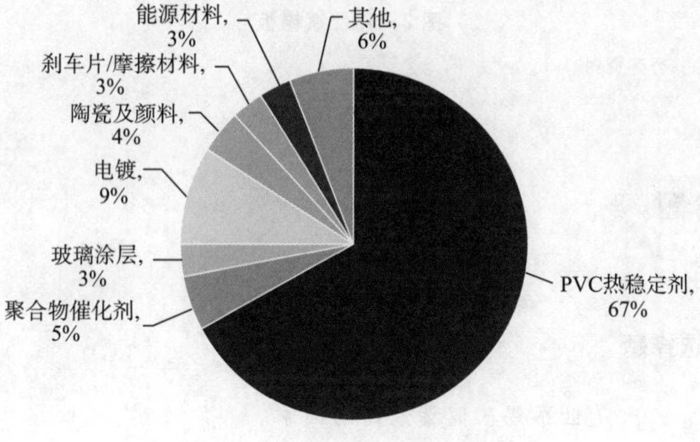


**图 2-12　2019 年锡化工终端应用占比**

资料来源：Wind。

年，在中国镀锡薄板会议上将其正式命名为镀锡薄板，正式文件中不再使用“马口铁”这个名称。

镀锡板按生产工艺分为热镀锡板和电镀锡板。镀锡板是将低碳钢轧制成约 2mm 厚的钢板，经酸洗、冷轧、电解清洗退火、平整、剪边加工，再经清洗、电镀、软熔、钝化处理、涂油后剪切成镀锡板板材成品，镀锡板所用镀锡为高纯锡（Sn＞99.8%）。在镀锡板的生产过程中，带钢经镀锡软熔以后，为了防止镀锡板在贮存或涂料烘烤时锡层氧化发黄，同时提高镀锡板的抗硫性等性能，要对镀锡板进行钝化处理。锡层也可用热浸镀法涂敷，此法所得镀锡板锡层较厚，用锡量大，镀锡后不需要进行纯化处理（见图2－13）。

**图2－13 镀锡板**

资料来源：公开资料。

## 自测题

### 一、选择题

1.（　　）是世界锡矿储量最高的国家。

A. 中国　　B. 缅甸　　C. 印度尼西亚　　D. 俄罗斯

2. 中国原生矿约占全国锡矿资源储量的（　　）。

A. 30%　　B. 50%　　C. 75%　　D. 95%

3. 中国精炼锡产量约占世界的（　　）。

A. 10%　　B. 30%　　C. 50%　　D. 70%

## 二、判断题

1. 按区域分布来看，锡矿呈带状分布，太平洋地区是主要蕴藏区，主要分布在东南亚和东亚两大锡矿带。（　）

2. 锡矿分布具有分布集中、类型齐全、伴生组分多、以大中型为主的特点。（　）

3. 传统锡矿生产大国中国和印度尼西亚的产量在全球锡矿产量份额不断上升，但没有占到全球锡矿产量的50%。（　）

4. 目前全球精锡的消费主要集中在中国、美国、日本及西欧。（　）

## 三、填空题

1. 目前世界上已开采的锡矿主要有两类：________、________。

2. 根据美国地质调查局（USGS）数据，截至2021年，全球锡矿储量约为________万吨。

# 参考答案

## 一、选择题

1. A　2. D　3. C

## 二、判断题

1. √　2. √　3. ×　4. √

## 三、填空题

1. 原生锡；砂锡　2. 460

# 第三章

# 锡期货基础知识

**本章要点**

本章将从锡期货合约概念及作用、锡期货合约标的物质量标准、锡期货交易保证金、期货交割、交易盈亏计算以及 LME 锡与 SHFE 锡期货区别等方面进行逐一阐述。投资者在阅读本章后可以对锡期货合约的基础知识有所理解。

## 一、锡期货合约是什么?

锡期货是一种以锡为标的物，利用期货合约的标准化特性所制定的商品期货合约，于 2015 年 3 月 27 日在上海期货交易所挂牌上市。沪锡期货交易代码为 SN，交易单位为 1 吨/手，报价单位为元（人民币）/吨，最小变动价位为 10 元/吨，涨跌停板幅度为上一交易日结算价的 ±4%，最低交易保证金为合约价值的5%。沪锡期货合约月份为1月至12月连续月，交易时间为上午9：00—11：30，下午1：30—3：00以及交易所规定的其他交易时间。期货的最后交易日为合约月份的第15日（遇国家法定节假日顺延，春节月份等最后交易日交易所可另行调整并通知），交割日期为最后交易日后连续二个工作日，交割地点为交易所指定的交割仓库。

**延伸阅读**

期货合约是指由期货交易所统一制定的、规定在将来某一特定的时间和地点交割一定数量和质量商品的标准化合约。它是期货交易的对象，期货交易参与者通过在期货交易所买卖期货合约，转移价格风险，获取风险收益。期货合约是在现货合同和现货远期合约的基础上发展起来的，但它们最本质的区别在于期货合约条款的标准化。在期货市场交易的期货合约，其标的物的数量、质量等级和交割等级及替代品升贴水标准、交割地点、交割月份等条款都是标准化的，使期货合约具有普遍性特征。期货合约中，只有期货价格是唯一变量，在交易所以公开竞价方式产生。

期货合约最早诞生于美国，1848年美国芝加哥期货交易所（CBOT）成立，标志着期货交易的开始。19世纪中叶，凭借着优越的地理位置，芝加哥发展成为重要的农产品集散地和加工中心，大量农产品在芝加哥进行买卖，当时的交易方式为现货的讨价还价模式。在此种情形下，价格波动异常剧烈，每年收获季节农场主都运粮到芝加哥，市场供过于求导致价格暴跌，使农场主常常连运费都收不回来，而到了第二年春天谷物匮乏，加工商和消费者难以买到谷物，价格又出现暴涨的情况。

为解决这个问题，谷物产地的经销商应运而生。当地经销商设立了商行，收购农场主谷物，等到谷物湿度达到规定标准后再出售运出。经销商主要通过现货远期合约交易的方式收购农场主的谷物，先储存起来，然后分批上市。当地经销商在贸易实践中存在两个问题：首先需要向银行贷款以便从农场主手中购买谷物储存，其次在储存过程中要承担巨大的谷物过冬的价格风险，而价格波动有可能使当地经销商无利可图甚至连成本都收不回来。解决这两个问题的最好的办法是“未买先卖”，以远期合约的方式与芝加哥贸易商和加工商联系，以便转移价格风险和获得贷款，自此现货远期合约交易便成为一种普遍的交易方式。

不过，芝加哥的贸易商和加工商同样也面临着当地经销商所面临的问题，所以，他们只肯按比他们估计的交割时远期价格还要低的价格支付给当地经销商，以避免交割期价格下跌的风险。由于芝加哥贸易商和加工商的买价太低，到芝加哥去商谈远期合约的当地经销商为了自身利益不得不去寻找更广泛的买家，为他们的谷物讨个好价。一些非谷物商认为有利可图，就先买进远期合约，到交割期临近再卖出，从中盈利。因此，购买远期合约的渐渐增加，改善了当地经销商的收入，当地经销商支付给农场主的收入也有所增加。

1848 年 3 月 13 日，第一个近代期货交易所——芝加哥期货交易所（CBOT）成立，而在成立之初，其仅是一个集中进行现货交易和现货中远期合约转让的场所。1865 年，芝加哥期货交易所实现了合约标准化，推出了第一批标准期货合约。包括合约中品质、数量、交货时间、交货地点以及付款条件等的标准化。标准化的期货合约使市场参与者能够非常方便地转让期货合约，同时，使生产经营者能够通过对冲平仓来解除自己的履约责任，也使市场制造者能够方便地参与交易，大大提高了期货交易的市场流动性。芝加哥期货交易所在合约标准化的同时，还规定了按合约总价值的 10% 缴纳交易保证金。

此外，沪锡期货交割品级分为标准品与替代品。标准品为符合国标 GB/T 728 – 2020 Sn99.90AA 牌号的规定，其中锡含量不小于 99.90% 的锡锭，替代品为符合国标 GB/T 728 – 2020 Sn99.95A、Sn99.95AA 牌号的规定，其中锡含量不小于 99.95%；或符合 Sn99.99A 牌号的规定，其中锡含量不小于 99.99% 的锡锭。交割方式为实物交割，交割单位为 2 吨（见表 3 – 1）。

**表 3 – 1　　上海期货交易所锡期货合约（修订版）**

| | |
|---|---|
| 交易品种 | 锡 |
| 交易单位 | 1 吨/手 |
| 报价单位 | 元（人民币）/吨 |
| 最小变动价位 | 10 元/吨 |

续表

| | |
|---|---|
| 交易品种 | 锡 |
| 涨跌停板幅度 | 上一交易日结算价 ±4% |
| 合约月份 | 1—12 月 |
| 交易时间 | 上午 9：00—11：30，下午 1：30—3：00 和交易所规定的其他交易时间 |
| 最后交易日 | 合约月份的 15 日（遇国家法定节假日顺延，春节月份等最后交易日交易所可另行调整并通知） |
| 交割日期 | 最后交易日后连续二个工作日 |
| 交割品级 | 标准品：锡锭，符合国标 GB/T 728 - 2020 Sn99.90AA 牌号规定，其中锡含量不小于 99.90%<br>替代品：锡锭，符合国标 GB/T 728 - 2020 Sn99.95A、Sn99.95AA 牌号规定，其中锡含量不小于 99.95%；或符合 Sn99.99A 牌号规定，其中锡含量不小于 99.99% |
| 交割地点 | 交易所指定交割仓库 |
| 最低交易保证金 | 合约价值的 5% |
| 交割方式 | 实物交割 |
| 交割单位 | 2 吨 |
| 交易代码 | SN |
| 上市交易所 | 上海期货交易所 |

资料来源：上海期货交易所。

## 二、期货合约的主要作用是什么？

近年来，锡行业价格波动幅度逐步放大，相关产业企业在风险管理、价格发现等方面提出了更高的诉求，同时投资机构在扩充资产配置方面也有更多的要求。沪锡期货的上市，能够在很大程度上解决相关企业所关注的问题。整体来看，沪锡期货合约的主要作用包括以下三个部分。

一是规避风险的功能。期货市场通过套期保值来实现规避风险的功能。套期保值是指在期货市场上买进或卖出与现货数量相等但交易方向相反的期货合约，并在未来某一时间通过卖出或买进期货合约进行对冲平仓，从而在期货市场和现货市场之间建立一种盈亏冲抵的机制（可能是用期货市场的盈利来弥补现货市场亏损，也可能是用现货市场盈利来弥补期货市场亏损），最终实现期货市场和现货市场盈亏大致相抵。沪锡期货价格与现货锡锭价格走势如图 3－1 所示。

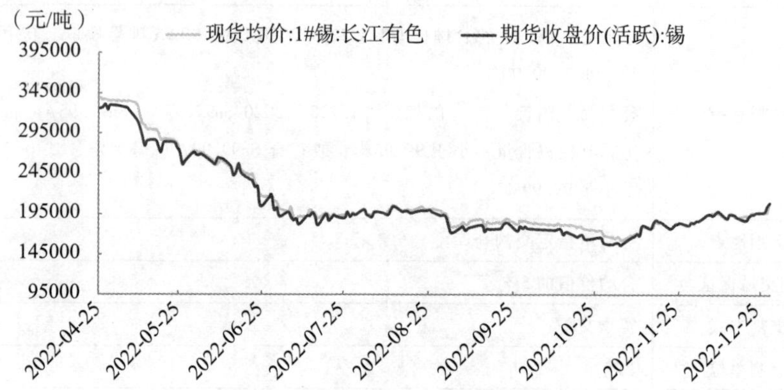


**图 3－1 沪锡期货价格与现货锡锭价格走势**

资料来源：Wind。

以锡下游产业为例，下游企业可以通过沪锡期货进行套期保值来锁定成本。例如，12 月初，某下游企业计划在次年 3 月采购锡锭 1000 吨，担心价格上涨导致企业采购成本增加，因此计划利用期货市场管理价格风险。如该企业 12 月初在沪锡 2304 合约建仓 1000 手多头头寸，建仓均价为 198370 元/吨，次年 3 月初沪锡 2304 合约上涨至 210000 元/吨；现货价格从建仓时的 197500 元/吨上涨至 209000 元/吨。在不考虑资金成本和手续费的情况下，期现货损益如下：

期货端盈利：（210000－198370）×1000＝1163 万元

现货端损失：（197500－209000）×1000＝－1150 万元

综合损益为 13 万元。该企业通过买入套保，规避了原材料价格上涨的风险。

二是价格发现的功能。期货交易之所以具有发现价格的功能，主要是因为：期货交易的参与者众多，除了会员以外，还有他们所代表的众多商品生产者、销售者、加工者、进出口商以及投机者等。这些成千上万的买家和卖家聚集在一起进行竞争，可以代表供求双方的力量，有助于公平价格的形成。期货交易中的交易人士大多熟悉某种商品行情，有丰富的商品知识和广泛的信息渠道以及科学的分析、预测方法。他们把各自的信息、经验和方法带到市场交易中，结合企业自己的生产成本、预期利润，对商品供需和价格走势进行判断、分析和预测，报出自己的理想价格，与众多对手竞争。这样形成的期货价格实际上反映了大多数人的预测，因而能够比较接近供求变动趋势。期货交易的透明度高，竞争公开化、公平化，有助于形成公正的价格。期货市场是集中化的交易场所，自由报价，公开竞争，避免了现货交易中一对一的交易容易产生的欺诈和垄断行为，因此，期货交易发现价格具有较高的权威性。

对于沪锡期货而言，市场主要的参与者为机构客户、产业客户以及中小投资者等。市场活跃度较高，参与充分，使期货价格能够很大程度上反映出真实的产业供求状态，并形成一致的价格预期，从而更好地发挥沪锡期货的价格发现功能。

三是资产配置的作用。投资者将期货作为资产配置的组成部分主要是基于以下两个原因：首先，借助期货能够为其他资产进行风险对冲。进入21世纪以来，全球经济不确定因素增多，市场波动加大，特别是2008年爆发于美国的金融危机更是严重破坏了市场秩序，给投资者带来了严重损失。在这样的背景下，越来越多的投资者开始重视期货市场，并借助套期保值来为持有的资产进行保护。其次，期货市场的杠杆机制、保证金制度使投资期货更加便捷和灵活，虽然风险较大，但同时也能获得高额的收益，借助商品交易顾问等专业投资机构，普通投资者也能较为安全地参与期货市场。因此，越来越多的投资者开始以直接或间接的方式参与期货投资。

对于沪锡期货而言，由于其对应的终端消费中包括光伏领域，因此部分以新能源为主要配置方向的投资公司也会考虑将沪锡期货合约作为资产配置的一部分。

## 三、锡期货合约中标的物质量标准是什么?

沪锡期货合约规定了锡锭的交割品级，具体又可分为标准品以及替代品。其标准品的交割质量标准为：锡锭，符合国标 GB/T 728 -2020 Sn99.90AA 牌号规定，其中锡含量不小于 99.90%。其替代品的交割质量标准为：锡锭，符合国标 GB/T 728 -2020 Sn99.95A、Sn99.95AA 牌号规定，其中锡含量不小于 99.95%；Sn99.99A 牌号规定，其中锡含量不小于 99.99%。

期货合约的交割标准和等级都是由期货交易所统一规定的。每个商品期货标的物都有其对应的交割标准，期货交易所会对需要交割的商品有明确的等级划分。交割等级是指由期货交易所统一规定的、准许在交易所上市交易的合约标的物的质量等级。

因此，只要交割商品达到交割标准，那么在进行期货交易时，交易双方都无须对标的物的质量等级进行协商，发生实物交割时可以直接按交易所期货合约规定的标准质量等级进行交割。期货交易所在制定合约标的物的质量等级时，常常采用国内或国际贸易中最通用和交易量较大的标准品的质量等级为标准交割等级。而且为了保证期货实物交割的顺利进行，期货交易所一般都会允许在实物交割时，实际交割的标的物的质量等级与期货合约规定的标准交割等级有所差别，即允许用与标准品有一定等级差别的商品（可以品级更好或更差）作为替代交割品。替代品的质量等级和品种，一般也由期货交易所统一规定。如果交货人使用交易所认可的替代品代替标准品进行实物交割，收货人不能拒收。用品级更差的替代品进行实物交割时，价格需要“升贴水”。也就是说，替代品的实际价格 + 升贴水 = 标准品价格。替代品与标准品之间的等级差价，即升贴水标准，由交易所统一规定并可根据该合约标的物的市场行情适时调整。

上海期货交易所规定了沪锡期货的交割产品的生产企业以及注册商标及升贴水标准（见表 3 -2）。

**表 3－2　　上海期货交易所锡锭注册商标及升贴水标准**

| 序号 | 国别 | 生产企业 | 产地 | 注册日期 | 商标 | 品级/规格 | 升贴水 |
|---|---|---|---|---|---|---|---|
| 1001 | 中国 | 云南锡业股份有限公司 | 云南个旧 | 201503 | YT | SN99.90A（已注销） | 升 800 元/吨 |
| | | | | | | SN99.90AA | |
| | | | | | | SN99.95AA | |
| | | | 云南蒙自 | 202105 | YT | SN99.90AA | |
| 1002 | 中国 | 广西华锡集团股份有限公司 | 广西来宾 | 201503 | 金海 | SN99.90AA | 升 300 元/吨 |
| 1003 | 中国 | 云南乘风有色金属股份有限公司 | 云南个旧 | 201503 | 云亨 | SN99.95AA | 升 300 元/吨 |
| 1004 | 中国 | 个旧市凯盟工贸有限责任公司 | 云南个旧 | 201503 | 云象 | SN99.95AA | 标准价 |
| 1005 | 中国 | 中国有色集团（广西）平桂飞碟股份有限公司（暂停交割） | 广西贺州 | 201507 | 飞碟 | SN99.90AA | 标准价 |
| 1006 | 中国 | 马鞍山市伟泰锡业有限公司 | 安徽马鞍山 | 201511 | 振伟 | SN99.95AA | 标准价 |
| 1007 | 中国 | 个旧市自立矿冶有限公司 | 云南个旧 | 201512 | YS | SN99.95AA | 标准价 |
| 1008 | 中国 | 赤峰大井子锡业有限公司 | 内蒙古赤峰 | 202012 | 皇岗 | SN99.90AA | 标准价 |
| 1009 | 中国 | 江西新南山科技有限公司 | 江西赣州 | 202202 | 南山中锡 | SN99.90AA | 标准价 |

资料来源：上海期货交易所。

## 四、锡期货交易保证金是怎样规定的?

在期货交易中，经纪公司通常要求交易者按照其所买卖期货合约价值的一定比例缴纳少量资金，这部分资金叫作初始保证金。初始保证金是交易者履行期货合约的财力担保，有了初始保证金后交易者才能参与期货合约的买卖，并视价格变动情况确定是否追加资金。

这种制度就是保证金制度，所缴的资金就是保证金。保证金是交易过程中，作为信用担保预先交付的资金。期货交易中的保证金由交易所保存作为交易者履行期货合约的财力担保。交易所对买卖双方同等收取保证金，当一方出现保证金不足时，会实施强制性追加或强平的措施，用于保障兑付能力，交易过程公平公正。交易所向期货公司（即会员）收取保证金。交易所根据期货品种来设定最低保证金标准，并且根据市场风险状况对保证金水平进行调节。交易所按期货合约所面临的风险水平设定收取标准，可根据市场情况变化对标准进行调整，一般不会高于15%。投资者通过期货公司参与期货交易，因此向期货公司缴纳的保证金比例是由期货公司确定的，期货公司有权根据期货交易所、结算机构的规定、市场情况，或者是其认为有必要的情况下自行调节保证金比例，但绝不会低于交易所规定的水平。

一般而言，当买卖双方成交后，交易所按持仓合约价值的一定比率收取交易保证金，交易保证金最低收取标准在期货合约中规定，交易所根据某一期货合约上市运行的不同阶段和持仓的不同数量（即从该合约新上市挂牌之日起至最后交易日止）制定不同的交易保证金收取标准，具体以上海期货交易所最新通知为准（见表3－3）。

**表3－3　有色金属期货合约上市不同阶段交易保证金标准**

| 交易时段 | 交易保证金比例（%） |
| --- | --- |
| 合约挂牌之日起 | 5 |

续表

| 交易时段 | 交易保证金比例（%） |
| --- | --- |
| 交割月前第一月的第一个交易日起 | 10 |
| 交割月份第一个交易日起 | 15 |
| 最后交易日前二个交易日起 | 20 |

资料来源：上海期货交易所。

当某一期货合约达到应该调整交易保证金的标准时，交易所应当在新标准执行前一交易日的结算时对该合约的所有历史持仓按新的交易保证金标准进行结算。保证金不足的，交易者应当在下一个交易日开市前追加到位。

在进入交割月份后，卖方可以用标准仓单作为与其所示数量相同的交割月份期货合约持仓的履约保证，其持仓对应的交易保证金不再收取。

对于沪锡期货而言，其合约不同阶段的交易保证金也需要满足上期所的有关规定，同时交易所也可以根据市场行情、投资者参与热度等实时调整交易保证金率。以 2022 年 12 月 27 日为例，上期所关于沪锡期货合约交易保证金的最新公示如表 3－4 所示，其中目前正在交易的 12 个沪锡期货合约均收取 14% 的交易保证金率（投机与套保均为 14% 的保证金率）。

**表 3－4　沪锡期货不同合约交易保证金率（以 2022 年 12 月 27 日为例）**

| 合约代码 | 交易保证金率 | | | | 涨停板 | 跌停板 |
| --- | --- | --- | --- | --- | --- | --- |
| | 投机买（%） | 投机卖（%） | 套保买（%） | 套保卖（%） | 幅度（%） | 幅度（%） |
| sn2301 | 14 | 14 | 14 | 14 | 12 | 12 |
| sn2302 | 14 | 14 | 14 | 14 | 12 | 12 |
| sn2303 | 14 | 14 | 14 | 14 | 12 | 12 |
| sn2304 | 14 | 14 | 14 | 14 | 12 | 12 |
| sn2305 | 14 | 14 | 14 | 14 | 12 | 12 |
| sn2306 | 14 | 14 | 14 | 14 | 12 | 12 |
| sn2307 | 14 | 14 | 14 | 14 | 12 | 12 |
| sn2308 | 14 | 14 | 14 | 14 | 12 | 12 |
| sn2309 | 14 | 14 | 14 | 14 | 12 | 12 |
| sn2310 | 14 | 14 | 14 | 14 | 12 | 12 |

续表

| 合约代码 | 交易保证金率 | | | | 涨停板 | 跌停板 |
|---|---|---|---|---|---|---|
| | 投机买（%） | 投机卖（%） | 套保买（%） | 套保卖（%） | 幅度（%） | 幅度（%） |
| sn2311 | 14 | 14 | 14 | 14 | 12 | 12 |
| sn2312 | 14 | 14 | 14 | 14 | 12 | 12 |

资料来源：上海期货交易所。

## 五、锡期货的交割是怎样进行的？

期货交割，是指在期货合约到期时，交易双方通过合约所载商品所有权的转移，了结到期未平仓合约的过程。期货交割是期货交易履约的最后一个环节，违约成本很高，有效保证交易双方履约。交割时，未平仓的买方需支付货款并获得相应商品，未平仓的卖方需交付相应商品并开具增值税发票。

目前，国内期货交易的交割方式分为实物交割和现金交割两种，具体来说：实物交割进行实物交收，包括集中交割和滚动交割两种，如锡等有色金属。商品期货交易一般采用实物交割的方式。现金交割不进行实物交收，只以交割时的现货价格作为交易盈亏和资金划拨的依据，其现货标的价格具有可确定性，且标准是唯一的，如股指期货、国内黄金期货等。

### （一）锡期货交割质量标准

对于沪锡期货的交割质量标准，上期所也有相应的规定：（1）外型及块重。交割的锡应当为“锭”，国产锡的每锭重量为25kg ±1.5kg。（2）每一仓单的溢短不超过 ±3%，磅差不超过 ±0.1%。（3）每一仓单的锡锭，应当是同一生产企业生产、同一牌号和级别、同一注册品牌、同一质量品级、同一块形、同一包装数量（捆重近似）的商品组成。（4）每一仓单的锡锭，应当是交易所注册的品牌，附有质量证明书。（5）仓单应当由交易所指定交割仓库按规定验收合格后出具。

此外，对于出入库要求，上期所对交割商品也有相应规定：（1）每一交割单位的锡锭应当是同一生产企业生产、同一牌号和级别、同一注册品牌、同一质量品级、同一块形、同一包装数量（捆重近似）的商品组成。注册生产企业自行选定注册产品捆重，但要利于组手，每捆包装采用表面作防锈处理的钢带捆扎（或者坚固程度相当的塑钢带捆扎方式），捆扎应当坚固，同时标有醒目的、不易脱落的产品标识。（2）到库商品中，遇有包装钢带断裂或严重锈蚀的捆件及散块商品，应当重新组合，用规定的钢带捆扎紧固，方可用于交割。包装费用由货主承担。（3）国产锡的每锭重量为25kg ±1. 5kg。（4）每一仓单的锡锭，应当是交易所注册的品牌，附有质量证明书。其中，需要注意的是锡仓单的溢短和磅差：每张标准仓单所列锡锭的重量为2吨，实物溢短不超过±3%，磅差不超过±0. 1%。

### （二）仓单注册、转让及注销流程

对于仓单流程，包括仓单注册、仓单转让以及仓单注销三个部分内容。

1. 仓单注册。首先客户委托会员公司办理申报，会员公司提交或修改入库申报，并报交易所进行审批，交易所审批通过后仓库即可办理商品入库验收。仓库验收完毕再报交易所审批，审批通过后仓库即可签发仓单，并通知相应客户。客户验收仓单后确认是否结算溢价，待交易所结算溢价并确认后，即完成了仓单的注册。

2. 仓单转让。标准仓单在交易所外转让的，买卖双方可以自行结算，也可以通过交易所结算。通过交易所结算的，按交割标准收取手续费。

买卖双方自行结算的标准仓单所外转让流程如下：

（1）卖方转让申请。卖方输入品种、指定交割仓库、买方客户编码和名称、相应标准仓单等相关信息后提交转让申请。

（2）买方转让确认。买方通过标准仓单管理系统确认转让申请。

（3）指定交割仓库审核转让申请。

（4）买方按双方约定交付货款。

（5）卖方释放标准仓单。卖方收款后释放标准仓单，对应标准仓单转到买方的标准仓单账户。

通过交易所结算的标准仓单所外转让，应当通过会员进行。其转让流程如下：

（1）卖方客户转让申请。卖方客户输入品种、指定交割仓库、买方客户的客户编码和名称、卖方会员、转让价、相应标准仓单等相关信息后，提交转让申请。

（2）买方客户转让确认。买方客户通过标准仓单管理系统确认转让申请，并将货款存入指定买方会员的专用资金账户。

（3）指定交割仓库审核转让申请，并通知买卖双方和交易所。

（4）交易所打印标准仓单所外转让结算单并收付货款。

（5）交易所释放标准仓单。

在14：00之前提交的转让申请，交易所在当日完成转让程序，在14：00之后提交的转让申请，交易所在下一交易日完成转让程序。

3. 仓单注销。客户通过电子仓单系统向交割库提交出库申请，交割库审核后准予发货，并根据仓单出货清单以及相关单证进行发货，至此仓单注销流程结束。值得注意的是，标准仓单合法持有人在出库申请中应当注明提货方式：

（1）自行到库提货的，指定交割仓库在对标准仓单审核无误后予以发货。货主应当到库监发，货主不到库监发的，视为认可指定交割仓库发货无误。

（2）委托提货的，货主应当提交授权委托书，并在出库申请上注明其委托的提货人、提货密码、联系人和联系电话等信息。指定交割仓库在对标准仓单审核无误后予以发货。货主委托的提货人应当到库监发，不到库监发的，视为货主认可指定交割仓库发货无误。

（3）委托指定交割仓库提货并发货的，货主应当提交授权委托书，并在出库申请上注明发货地址、联系人和联系电话等信息。指定交割仓库在对标准仓单审核无误后予以发货。货主应当认可指定交割仓库发货无误。

（4）商品出库时，指定交割仓库应当及时填制标准仓单出库确认单，交提货人签字确认，并妥善保管备查。

### （三）交割业务流程

实物交割期为合约最后交易日后的连续二个工作日，这二个工作日分别称为第一交割日、第二交割日，第二交割日为最后交割日。第一交割日买方提交意向、卖方提交标准仓单。第二交割日交易所分配标准仓单，买方交款取单、卖方收款。

具体流程为：（1）卖方客户授权。卖方客户应当通过标准仓单管理系统先将标准仓单授权给卖方期货公司会员以办理实物交割业务。（2）第一交割日，卖方会员通过标准仓单管理系统向交易所提交已付清仓储费用的标准仓单，买方会员向交易所申报交割意向。（3）第二交割日，交易所分配标准仓单，买方会员完成付款后，交易所释放分配到该会员名下的标准仓单，交易所将货款付给卖方会员。（4）买方会员分配仓单。买方会员应当在最后交割日之前（含当日）将分配到其名下的标准仓单再分配给买方客户。如买方会员不能按时分配标准仓单，应当向交易所报告原因（见图3－2）。

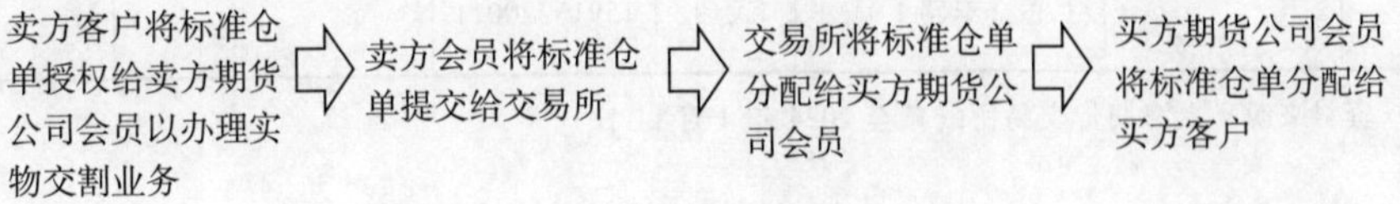


**图3－2　沪锡期货交割业务流程**

资料来源：上海期货交易所。

此外，上期所还公布了锡期货交割仓库地址、相关费用收取标准以及质检机构的情况，如表3－5、表3－6、表3－7所示。

**表3－5　　上海期货交易所锡期货指定交割仓库**

<table>
<tr><th>序号</th><th>仓库名称</th><th>存放地址</th><th>联系人</th><th>业务电话</th><th>到达站/港</th><th>异地升贴水标准</th></tr>
<tr><td rowspan="2">1</td><td rowspan="2">上海国储天威仓储有限公司</td><td rowspan="2">上海市嘉定区黄渡工业园区星塔路1289号</td><td>陈亮</td><td>15317578691</td><td rowspan="2">黄渡站（国家物资储备局上海七处）</td><td rowspan="2">标准价</td></tr>
<tr><td>唐赟</td><td>13761973271</td></tr>
</table>

续表

| 序号 | 仓库名称 | 存放地址 | 联系人 | 业务电话 | 到达站/港 | 异地升贴水标准 |
|---|---|---|---|---|---|---|
| 2 | 中储发展股份有限公司 | 上海市宝山区南大路137号 | 金振佳 | 18916601995 | 桃浦站（中储大场公司专用线） | 标准价 |
| | | 江苏无锡市城南路32－1号 | 胡晓伟 | 18921287700 | 周泾港 | 标准价 |
| 3 | 国家粮食和物资储备局广东局八三〇处 | 广州市萝岗区开发大道1330号 | 胡少娟 | 18520081018 | 下元（广） | 标准价 |
| | | | 陈晨 | 13928901955 | | |
| 4 | 上海全胜物流股份有限公司 | 上海市嘉定区曹安公路1347号 | 刘疆娜 | 13761972065 | 封浜站 | 标准价 |
| 5 | 广东炬申仓储有限公司 | 广东省佛山市南海区丹灶镇丹灶物流中心金泰路1号 | 曾勇发 | 15015835397 | 丹灶站（广） | 标准价 |
| | | | 武玮 | 15915220011 | | |

资料来源：上海期货交易所（截至2024年4月11日）。

**表3－6　　上海期货交易所锡期货交割仓库收费标准**

| 仓储租金 | 标准 |
|---|---|
| 库房 | 1.50元/吨·天 |
| 进库费用 | |
| （1）专用线 | 35元/吨 |
| （2）非箱式车辆自送 | 30元/吨 |
| （3）箱式车自送（包括集装箱车辆） | 40元/吨 |
| 出库费用 | |
| （1）专用线 | 35元/吨 |
| （2）非箱式车辆自提 | 25元/吨 |

续表

| 仓储租金 | 标准 |
|---|---|
| （3）箱式车辆自提（包括集装箱车辆） | 35 元/吨 |
| 代办车皮申请 | 5 元/吨 |
| 代办提运 | 2 元/吨 |
| 打包费 | 40 元/吨 |
| 过户费 | 3 元/吨 |

资料来源：上海期货交易所。

**表 3－7　　上海期货交易所指定的锡质量检验机构**

| 序号 | 单位名称 | 联系人 | 联系电话 |
|---|---|---|---|
| 1 | 中国检验认证集团检验有限公司（暂停） | 姚宁（上海） | 18602160362 |
| | | 张依民（上海） | 021－50270298 |
| | | | 13501905800 |
| | | 陈宏 | 010－84603658 |
| | | | 13916331487 |
| | | 顾晨（北京） | 010－84603548 |
| | | | 13810060886 |
| 2 | 上海中储材料检验有限公司 | 宋益华 | 021－36583611 |
| | | | 13585515287 |
| | | 俞晟 | 17721193939 |
| 3 | 上海海关工业品与原材料检测技术中心 | 郅惠博 | 021－38620642 |
| | | | 13636512268 |
| 4 | 上海有色金属工业技术监测中心有限公司 | 朱冬霞 | 021－56640165 |
| | | | 13512154057 |

资料来源：上海期货交易所。

## 六、如何计算锡期货的交易盈亏?

由于期货交易是保证金交易，且实行当日无负债结算制度，故期货交易的账户计算比股票交易复杂。在期货交易账户计算中，盈亏计算、权益计算、保证金计算以及资金余额是四项最基本的内容。

按照开仓和平仓时间划分，盈亏计算可分为四种类型：今日开仓今日平仓；今日开仓后未平仓转为持仓；上一交易日持仓今日平仓；上一交易日持仓今日继续持仓。

各种类型的计算方法如下：

(1) 今日开仓今日平仓的，计算其买卖差额；(2) 今日开仓而未平仓的，计算今日结算价与开仓价的差额；(3) 上一交易日持仓今日平仓的，计算平仓价与上一交易日结算价的差额；(4) 上一交易日持仓今日继续持仓的，计算今日结算价与上一交易日结算价的差额。在进行差额计算时，注意不要弄错买卖的方向。

沪锡期货交易单位是1吨/手，最小变动价位10元/吨。因此一个点盈亏就是10元。沪锡期货最新一手交易所保证金 = 成交价 × 合约单位1吨 × 交易所保证金比例14%。若成交价按照199750元/吨来计算，一手保证金是27965元。

**案例一**

某客户在某期货经纪公司开户后存入保证金50万元，在8月1日开仓买进9月沪锡期货合约5手，成交价为190000元/吨，同一天该客户卖出平仓3手9月沪锡期货合约，成交价为195000元/吨，当日结算价为200000元/吨，交易保证金比例为14%，手续费为单边每手3元，则客户的账户情况为（见表3－8）：

当日平仓盈亏 $=(195000-190000)\times 3=15000$ 元

当日开仓持仓盈亏 $=(200000-190000)\times(5-3)=20000$ 元

当日盈亏 $=15000+20000=35000$ 元

手续费 $=3\times 8=24$ 元

当日权益 $=500000+35000-24=534976$ 元

保证金占用 $=2\times 200000\times 14\%=56000$ 元（结算盈亏后保证金按当日结算价而非开仓价计算）

资金余额（即可交易资金）$=534976-56000=478976$ 元

**表 3－8　　沪锡期货交易盈亏测算（案例一）**

| 资金项目 | 金额（元） |
|---|---|
| 存入保证金 | 500000 |
| （+）平仓盈亏 | 15000 |
| （+）持仓盈亏 | 20000 |
| （－）手续费 | 24 |
| =当日权益 | 534976 |
| （－）持仓占用保证金 | 56000 |
| =资金余额 | 478976 |

资料来源：上海期货交易所。

## 案例二

8 月 2 日该客户买入 4 手 9 月沪锡期货合约，成交价为 205000 元/吨；随后又卖出平仓 6 手 9 月沪锡期货合约，成交价为 208000 元/吨；后来又卖出 5 手 9 月沪锡期货合约，成交价为 210000 元/吨。当日结算价为 212000 元/吨，则其账户情况为（见表 3－9）：

当日平仓盈亏 $=(208000-205000)\times 4+(208000-200000)\times 2$

$=28000$ 元

当日开仓持仓盈亏 $=(210000-212000)\times 5=-10000$ 元

当日盈亏 $=28000-10000=18000$ 元

手续费 $=3\times15=45$ 元

当日权益 $=478976+18000-45=496931$ 元

保证金占用 $=5\times212000\times14\%=148400$ 元

资金余额（即可开仓交易资金）$=496931-148400=348531$ 元

表 3-9　　沪锡期货交易盈亏测算（案例二）

| 资金项目 | 金额（元） |
|---|---|
| 上日权益 | 478976 |
| （+）平仓盈亏 | 28000 |
| （+）持仓盈亏 | -10000 |
| （-）手续费 | 45 |
| =当日权益 | 496931 |
| （-）持仓占用保证金 | 148400 |
| =资金余额 | 348531 |

资料来源：上海期货交易所。

## 案例三

8 月 3 日，该客户买进 3 手期货合约平仓，成交价为 214000 元/吨；后来又买进开仓 9 月期货合约 6 手，成交价为 215000 元/吨。当日结算价为 220000 元/吨，则其账户情况为（见表 3-10）：

平仓盈亏 $=(212000-214000)\times3=-6000$ 元

历史持仓盈亏 $=(212000-220000)\times2=-16000$ 元（持仓合约成本价已不是实际开仓价 210000 元/吨，而是上日结算价 212000 元/吨）

当日开仓持仓盈亏 $=(220000-215000)\times6=30000$ 元

当日盈亏 $=-6000-16000+30000=8000$ 元

手续费 $=3\times9=27$ 元

当日权益 $=348531+8000-27=356504$ 元

保证金占用 $=220000\times8\times14\%=246400$ 元

资金余额（即可开仓交易资金）$=356504-246400=110104$ 元

表 3－10　　沪锡期货交易盈亏测算（案例三）

| 资金项目 | 金额（元） |
| --- | --- |
| 上日权益 | 348531 |
| （＋）平仓盈亏 | －6000 |
| （＋）持仓盈亏 | 14000 |
| （－）手续费 | 27 |
| ＝当日权益 | 356504 |
| （－）持仓占用保证金 | 246400 |
| ＝资金余额 | 110104 |

资料来源：上海期货交易所。

## 七、LME 锡期货和 SHFE 锡期货有何区别？

目前国际 LME 市场以及国内 SHFE 市场均已上市锡期货合约，而两者无论在合约设计、交割制度还是风控内容等方面均存在着明显的差异。

就合约设计内容而言，两大市场的交易单位各不相同，其中 LME 锡期货的交易单位为 5 吨/手，而 SHFE 锡期货的交易单位为 1 吨/手。此外，最小变动价位也不同，其中 LME 锡期货在圈内和电子盘的最小变动价位为 5 美元/吨（outright）以及 0.01 美元/吨（carrie），办公室间交易的最小变动价位为 0.01 美元/吨，而 SHFE 锡期货的最小变动价位为 10 元/吨。

合约月份及交易时间也有所不同，其中 LME 锡期货的合约月份包括 3 个月内每日合约，3 至 6 个月内每周合约以及 7 至 63 个月的月份合约，而 SHFE 锡期货的合约月份仅为 1 月至 12 月的连续月。交易时间方面，LME 锡期货的交易时间为每周一至周五（伦敦时间，法定节假日除外）的 24 小时，而 SHFE 锡期货的交易时间为上午 9：00—11：30，下午 1：30—3：00 和交易所规定的其他交易时间。

就交割制度而言，两大市场的交割品级以及最后交割日均有所差别。其中，LME 市场锡期货的交割品级为符合 BS EN 610：1996 标准且至少达到 99.85%纯净率的 LME 注册锡，这与 SHFE 锡期货的交割品级有所区别。此外，LME 锡期货合约的最后交割日因合约不同而有所不同，其中日合约为当日延伸至 3 个月，周合约为 3 至 6 个月，月合约为 7 至 63 个月，而 SHFE 锡期货合约的最后交割日为最后交易日后连续二个工作日。

就风控制度设计而言，2022 年 3 月之前，LME 并未设置涨跌停板制度。2022 年 3 月起，LME 将金属合约（除期镍之外）设置每日价格波动幅度限制，即金属合约的每日最大涨跌幅度为该合约前一个交易日收盘价加减 15%，SHFE 锡期货合约的涨跌停板设置为上一交易日结算价的 ±4%。关于头寸限制，《LME 制度》（LME rules）第三部分规定：会员应遵守《LME 制度》并与交易所合作，以确保其每一位客户均遵守交易所规定的持仓限额要求和交易所发出的任何指示，特别委员会全权酌情决定认为必要的这段时间内或就此类金属暂停、修改或补充头寸限制。虽然《LME 制度》有这些表述，但 LME 并没有具体的限制细则，这也造成 LME 在发现头寸集中的时候并没有可操作的规则去参照执行。

对于结算制度而言，第一，LME 锡期货虽实行保证金交易制度，但与 SHFE 锡期货的保证金制度不同。LME 采用固定金额保证金，缺乏弹性与及时性，无法根据市场变化而随时调整。保证金计算方式是 SPAN 系统［风险价值（VAR）计算方法还需两年或更久时间推出］，整体交易成本较低，能提高成交活跃度，但在极端行情出现时相应调整却较为缓慢，并无法合理有效地控制风险。而国内市场 SHFE 锡期货的保证金水平本身与波动和持仓挂钩，弹性比较大，能较及时地规避风险。

第二，LME 采用到期日结算，即盈亏只有在合约到期时才实现。而在 LME 市场交易中，一些大型企业通常能从银行或者经纪商获得授信，基本是负保证金交易。LME 采用到期日清算方式，交易亏损客户依赖信用或银行担保来维持头寸。在不进行逐日清算的情况下，单边走势很容易累积风险。当这种累积量发展到一定程度时，不仅容易给失败的交易者造成毁灭性打击，也容易造成违约，从而引发系统性风险，使市场出现额外波动。上期所则采取每日无负债结算制度，即每日需追加损失的保证金，或提取盈利，从而有效地控制了风险（见表 3-11）。

表 3－11　　　　**LME 锡期货与 SHFE 锡期货对比**

| | | |
|---|---|---|
| 合约标的 | 锡 | 锡 |
| 交易单位 | 5 吨/手 | 1 吨/手 |
| 报价单位 | 美元/吨 | 元（人民币）/吨 |
| 可清算货币 | 美元、日元、英镑、欧元 | 人民币 |
| 最小变动价位 | 圈内和电子盘：Outright－5 美元/吨；Carrie－0.01 美元/吨<br>办公室间交易：均为 0.01 美元/吨 | 10 元/吨 |
| 涨跌停板幅度 | 前一个交易日收盘价加减 15% | 上一交易日结算价 ±4% |
| 合约月份 | 3 个月内每日合约<br>3～6 个月内每周合约<br>7～63 个月内月份合约 | 1～12 月 |
| 交易时间 | 每周一至周五（伦敦时间法定节假日除外）24 小时 | 上午 9：00—11：30，下午 1：30—3：00 和交易所规定的其他交易时间 |
| 最后交易日 | 交割日前一天的第一圈场内交易停止 | 合约月份的 15 日（遇国家法定节假日顺延，春节月份等最后交易日交易所可另行调整并通知） |
| 最后交割日 | 日合约：延伸至 3 个月<br>周合约：3～6 个月<br>月合约：7～63 个月 | 交割日期为最后交易日后连续二个工作日 |
| 交割品级 | 符合 BS EN 610：1996 标准且至少达到 99.85% 纯净率的 LME 注册锡 | 标准品：锡锭，符合国标 GB/T 728－2020 Sn99.90AA 牌号规定，其中锡含量不小于 99.90%<br>替代品：锡锭，符合国标 GB/T 728－2020 Sn99.95A、Sn99.95AA 牌号规定，其中锡含量不小于 99.95%；Sn99.99A 牌号规定，其中锡含量不小于 99.99% |
| 交割地点 | 交易所指定的交割仓库 | 交易所指定的交割仓库 |
| 最低交易保证金 | 固定保证金，据 SPAN 计算 | 合约价值的 5% |
| 交割方式 | 实物交割 | 实物交割 |
| 交易代码 | SN | SN |
| 上市交易所 | LME | SHFE |

资料来源：上海期货交易所，伦敦金属交易所。

**案例四**

2022年3月初，全球锡期货市场出现了较为极端的行情，LME锡期货市场及SHFE锡期货市场均有较大程度的涨跌幅。其中，LME 3M锡价最高触及101365美元/吨，3月4日结算价为28919美元/吨，累计涨幅超过250%，突破2007年的51800美元/吨。3月6日SHFE锡价日盘涨停后，3月6日和3月7日夜盘跟随LME价格出现第三个涨停板，3月8日夜盘锡价封板于267700元/吨（见图3-2）。而造成此次锡期货价格大幅波动的原因，很大程度上在于LME市场与SHFE市场合约设计方面的差异。

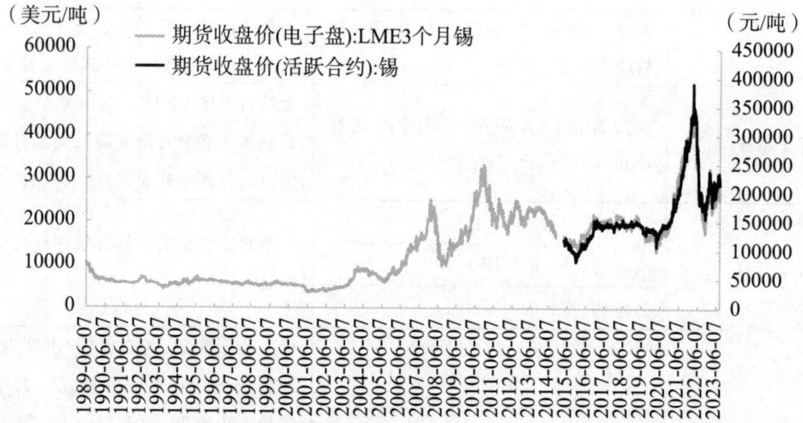


**图3-2 LME锡价格与沪锡价格走势**

资料来源：Wind。

## 自测题

### 一、选择题

1. 沪锡期货的交易单位为（ ）吨/手。

A. 1　　B. 2　　C. 3　　D. 4

2. 沪锡期货合约的最小变动价位为（ ）元/吨。

A. 5　B. 10　C. 20　D. 50

3. 2022 年 12 月 27 日，沪锡期货的每日涨跌停板为±（ ）。

A. 4%　B. 12%　C. 10%　D. 8%

4. 沪锡期货的交割单位为（ ）吨。

A. 2　B. 4　C. 5　D. 8

5. LME 锡期货的交易单位为（ ）吨/手。

A. 1　B. 2　C. 3

D. 4　E. 5

6. 沪锡期货的交割品级中，标准交割品中锡元素含量不小于（ ）。

A. 99.40%　B. 99.50%　C. 99.60%

D. 99.80%　E. 99.90%

7. 沪锡期货的交割方式为（ ）。

A. 实物交割　B. 现金交割　C. 厂库交割　D. 滚动交割

## 二、填空题

1. 上期所规定，沪锡期货交割仓库的仓储租金为________元/吨·天。

2. 上期所规定，沪锡期货的交割日期为最后交易日后连续________个工作日。

## 三、简答题

1. 请简要阐述下 LME 锡期货与 SHFE 锡期货在风控制度上的不同。

# 参考答案

## 一、选择题

1. A　2. B　3. B　4. A　5. E　6. E　7. A

## 二、填空题

1. 1.5　　2. 二

## 三、简答题

2022 年 3 月之前，LME 并未设置涨跌停板制度。2022 年 3 月起，LME 将金属合约（除期镍之外）设置每日价格波动幅度限制，即金属合约的每日最大涨跌幅度为该合约前一个交易日收盘价 ±15%，SHFE 锡期货合约的涨跌停板设置为上一交易日结算价的 ±4%。

# 第四章

# 影响锡期货价格的主要因素

**本章要点**

本章将会分别从供需变化、产业政策变化、市场预期、宏观环境以及技术面分析角度对影响锡期货价格的主要因素作相应阐述。投资者在阅读本章后可以对锡期货价格的影响因素有所理解。

## 一、影响锡期货合约价格波动的主要因素有哪些？

影响锡期货合约价格波动的主要因素包括宏观经济环境、行业供需基本面、产业政策条件以及市场预期方面的变化。

### （一）供需基本面

基于微观经济学理论，当某一商品出现供大于求时，其价格下跌，反之则上扬。同时价格也会影响供求，即当价格上涨时，供应会相应增加而需求减少；反之，则有可能出现需求上升而供给减少，因此价格和供求互为影响。我们往往用库存的增减来表征供需的强弱。但由于我们无法获得所有的库存数据（包括显性的交易所库存和隐性的其他社会库存），库存与价格的负向关系有时会出现混乱。LME 锡库存与锡价的关系见图 4 – 1。

**图 4 – 1 LME 锡库存与锡价的关系**

资料来源：伦敦金属交易所，Wind。

具体而言，锡期货价格受供需两端层面的影响，同时也遵循着“需求定方向，供给定弹性”的价格变化规律。

当锡行业的供给超过需求时，社会库存呈现出累库的形式，此时整体基本面呈现弱势格局，同时累库的幅度以及累库的节奏均会影响弱势基本面的演变。若库存持续在累库，且累库幅度越来越大，则表明现货基本面弱势格局在进一步扩大，锡价受此基本面利空影响，价格将逐步回落。若库存持续在累库，但累库幅度逐步缩小，则表明现货基本面虽处于弱势格局但此格局正在逐步改善，对锡价的利空影响正在逐步消退，价格有望底部企稳并有所反弹。

当锡行业的供给不及需求时，社会库存呈现出去库的形式，此时整体基本面表现相对偏强，同时去库的幅度以及去库的节奏均会影响强势基本面的演变。若库存表现在去库，且去库幅度越来越大，则表明现货基本面强势格局在进一步扩大，锡价受此基本面利多影响，价格将逐步抬升。若库存持续在去库，但去库幅度逐步缩小，则表明现货基本面虽处于强势格局但此格局正在逐步消退，对锡价的利多影响正在逐步消退，价格有可能呈现上方摸顶后回落的态势。

现货与期货之间的期现结构也能够反映供需情况以及市场未来的预期。若出现现货价格高于近月期货价格且期货月间呈现“反向市场”的情形时，表明现货市场供不应求，同时市场对未来有供给宽松的预期，这也会对锡期货参与者的交易节奏产生影响，并影响锡期货的价格。相反，若现货价格低于近月期货价格且期货月间呈现“正向市场”的情形时，表明现货市场供给过剩，同时市场对未来有供给短缺的预期，最终会影响锡期货的价格（见图 4－2、图 4－3）。

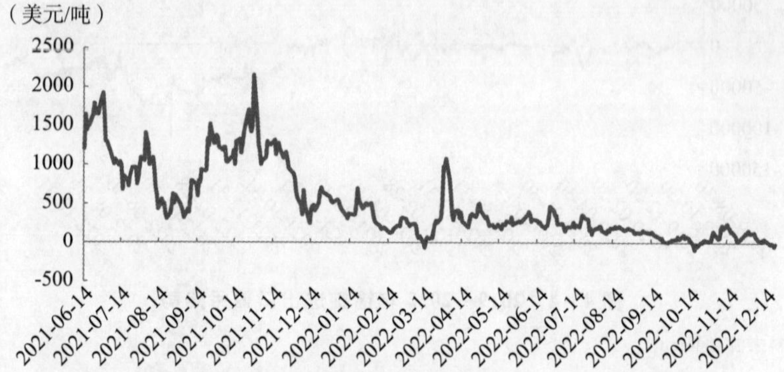


**图 4－2　2021—2022 年 LME 锡期货合约 Cash－3M 升贴水结构**

资料来源：Wind。

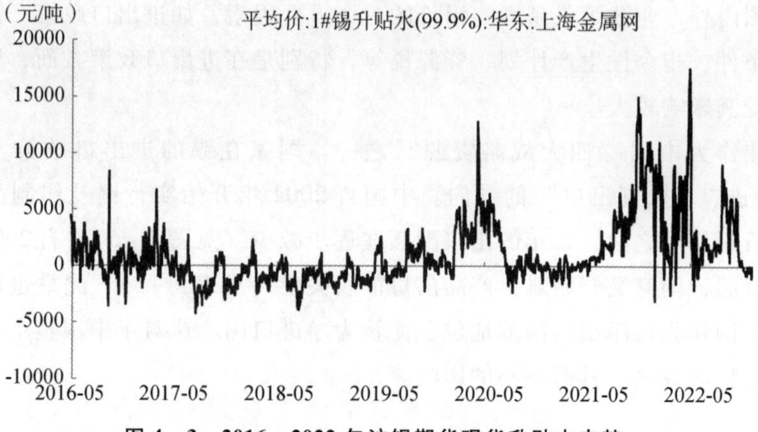


**图 4－3　2016—2022 年沪锡期货现货升贴水走势**

资料来源：Wind。

国内外基本面的差异会导致国内外市场中锡期货价格出现相应的“劈叉”行情。当国内供给短缺时，SHFE 锡的价格相对于 LME 锡的价格更高，从而使进口锡锭出现一定利润。在此进口利润驱使之下，我国锡锭进口量将会增加，从而弥补一部分供给短缺，使国内价格有所回落，直到国内外价格保持均衡的态势（见图 4 -4）。

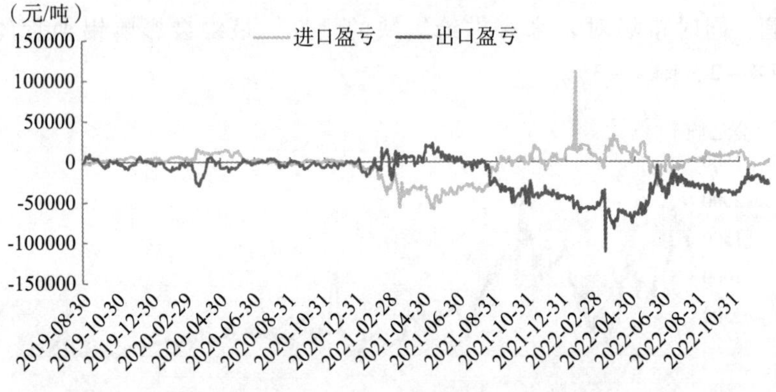


**图 4 -4 2019—2022 年锡锭进出口盈亏走势**

资料来源：Wind。

### （二）产业政策环境

国内外产业政策也是影响锡价的一个重要因素，如进出口政策、锡行业准入条件、指令性生产计划、资源税等，特别是在进出口政策方面，历史上锡价受其影响较大。

锡作为中国“四大战略资源”之一，国家在锡的进出口政策上采取“鼓励进口，限制出口”的导向。中国自 2002 年开始实行锡及锡制品出口配额管理制度之后，每年的出口配额在逐步减少（见图 4 -5）。自 2008 年 1 月 1 日起，国家又开始对锡产品出口征收关税（见表 4 -1），此举也彻底扭转了中国作为锡净出口国的地位，而转为净进口国。这对于中国整个锡产业供需结构的改变，具有不小的影响。

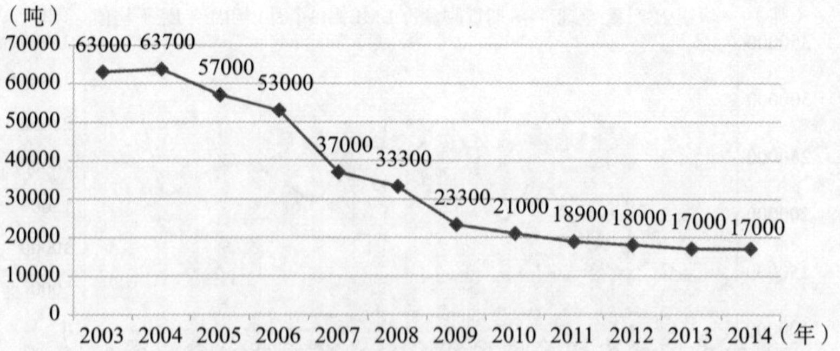


**图 4－5　历年中国锡及锡制品出口配额情况**

资料来源：安泰科，Wind。

**表 4－1　锡相关商品暂定进出口税率**

| 税则号 | 商品名称 | 进口税率（%） | 出口税率（%） |
|---|---|---|---|
| 26090000 | 锡矿砂及其精矿 | 0 | 20 |
| 80011000 | 未锻轧的非合金锡 | 3 | 10 |
| 72043000 | 镀锡钢铁废碎料 | 0 | 40 |
| 74032200 | 未锻轧的铜锡合金（青铜） | 1 | 5 |
| 74093100 | 盘卷的铜锡合金板、片及带，厚 >0.15mm | 7 | 0 |
| 74093900 | 其他铜锡合金板、片及带，厚 >0.15mm | 7 | 0 |
| 80020000 | 锡废碎料 | 1.5 | 10 |

资料来源：安泰科，Wind。

海外也曾有因为锡进出口政策的调整，而对全球锡价产生了重大的影响的情况。这其中，不得不提的一个国家是印度尼西亚。印度尼西亚作为全球第一大锡出口国，2008—2012 年平均每年出口近 10 万吨精锡，约占全球供应量的 1/4。2001—2021 年全球锡矿产量情况见图 4－6，1998—2021 年全球锡矿产量分布情况（见图 4－7）。

2001 年底至 2002 年中，印度尼西亚出台了锡矿的“禁矿令”，因当时锡价自 5000 美元/吨大幅跳水至 3600 美元/吨，锡价低迷，加之印度尼西亚国内非法开采锡矿活动猖獗，致使国营锡矿 PT Timah（印度尼西亚锡矿生产商主要是 PT Timah 和 PT Koba 两家）亏损严重。禁止锡矿出口最初的意图在于打击非法走私，帮助印度尼西亚国营锡矿渡过亏损难关。“禁矿

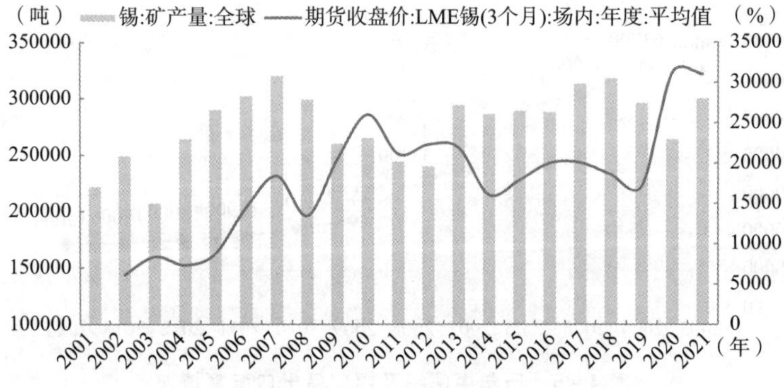


**图 4-6　2001—2021 年全球锡矿产量情况**

资料来源：Wind。

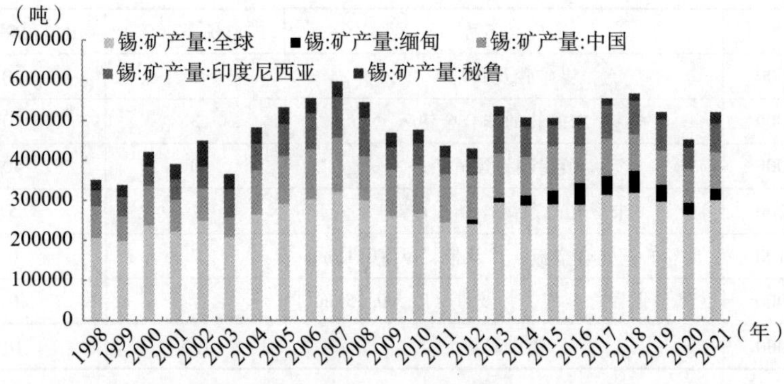


**图 4-7　1998—2021 年全球锡矿产量分布情况**

资料来源：Wind。

令”出台后，印度尼西亚禁止锡矿石出口，但仍允许锡锭的出口，开采出来的锡矿都统一交付或者销售给 PT Timah 与 PT Koba，由这两家企业负责冶炼生产。这项政策实施之后，印度尼西亚锡矿的出口骤降，但伦锡价格至此开启了长达两年的上涨行情，从 3600 美元/吨低点升至 9650 美元/吨。

在印度尼西亚禁止锡矿出口之后的三四年间，印度尼西亚当地精锡的产量与出口规模开始显著上升，并在 2005 年左右达到高峰。随后印度尼西亚当局在精锡出口方面的政策也开始收紧，例如，2013 年 7 月 1 日起，印度尼西亚当局将精锡出口的最低纯度要求从之前的 99.85% 上调至 99.9%。该规定对当时国际锡市场有较大的冲击，伦锡在此后三个月连续上涨，自18809美元/吨的低点，快速反弹至23975美元/吨。当年8月30日，印度尼西亚又出台新规，规定以后印度尼西亚所有用于出口的锡锭必须在印度尼西亚商品及衍生品交易所（ICDX）交易后方能出口。

2013年印度尼西亚精锡出口量同比下滑12.6%至约9万吨，2014年出口量继续同比下滑16%至7.6万吨。2014年11月印度尼西亚精锡的出口政策进一步严苛，将印度尼西亚国内锡产品出口划分为四类：纯锡锭、其他形式的纯锡、锡焊料合金和其他合金；并规定一家出口商只能获得四类许可证中的一种；且对除锡锭外的其他产品作成分上的严格规定。印度尼西亚出口门槛的不断提高，意在限制全球的锡供应，从而实现挺价的效果。2014年11月印度尼西亚该新规颁布之后，国际锡价仅短暂上扬，随后下跌。

具体而言，由于我国锡矿进口依赖度较高，2021年进口锡矿量占国内总锡矿供给量的20%以上。而锡矿进口主要来自缅甸，缅甸矿端供应情况可以较大程度上扰动国内整体上游供给（见图4-8）。然而自2018年起，缅甸锡矿品位经历了断崖式的下跌，产量有所下滑的同时，产出金属吨数量也快速下降。2021年缅甸矿进口品位约为15%，较2020年下滑约3%。尽管缅甸政府为了维持价格及出口稳定，于2021年中进行抛储，抛储量超过3000金属吨，但从2021年全年来看，锡矿出口量仍较往年减少。由于目前开采较为充分，未来缅甸锡矿品位可能会继续下降，那么在没有增加他国进口量的情况下，国内锡矿供应端将持续受缅甸进出口的影响（见图4-9、图4-10）。

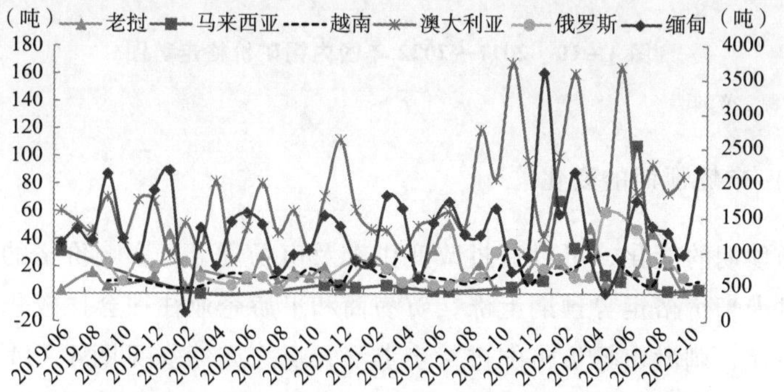


**图4-8　2019—2022年我国锡矿进口来源国分布情况**

资料来源：Wind。

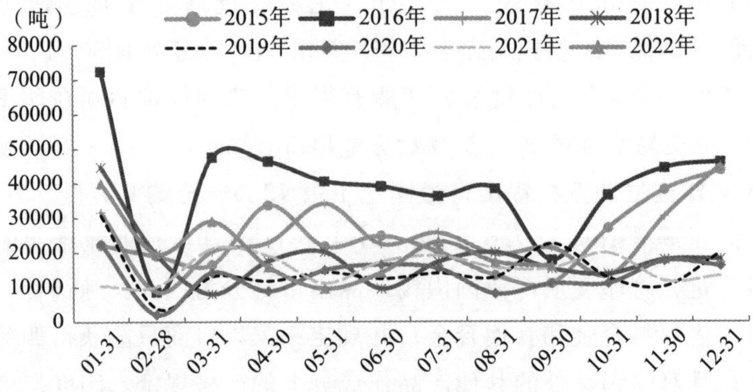


**图 4－9　2015—2022 年我国锡矿月度进口数量**

资料来源：Wind。

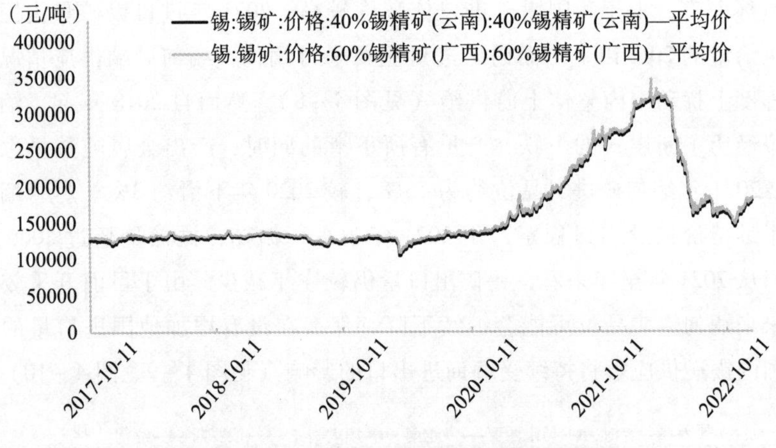


**图 4－10　2017—2022 年国内锡矿价格走势图**

资料来源：Wind。

### （三）市场预期的变化

市场预期的变化，可以通过改变供求及市场资金，影响价格的涨跌。如果市场对未来价格走势预期上涨，贸易商和下游企业往往会比较积极地订货和增加库存，刺激市场价格的进一步上涨；反之亦然（见图 4－11）。

当然，市场预期也会受宏观环境、供需面、产业政策、价格等变化的影响，进而进行不断的调整与修复。

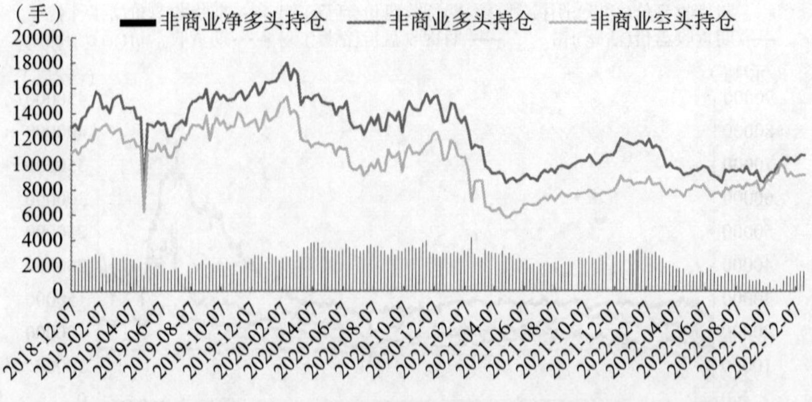


**图 4-11　2018—2022 年 LME 锡市场中不同类型客户持仓结构**

资料来源：Wind。

## 二、宏观情绪如何扰动锡价？

有色金属价格的波动，首先与宏观面的变化密不可分。锡是重要的有色金属品种，其终端消费广泛分布在电子、食品、汽车、医药、纺织、建筑、工艺品制造等多个行业。全球主要的锡消费国多是经济增长较快的国家如中国，以及经济发达地区如欧洲、美国、日本等。

因此锡的消费与经济的发展高度相关。当一个国家或地区经济快速发展时，锡消费也会出现同步增长。同样，经济出现衰退或金融风险爆发时，也会导致锡在一些行业中消费的下降，进而引起锡价的波动。例如 2008 年金融危机时期，伦锡曾自 25500 美元/吨高点，一路跌破 10000 美元/吨关口，跌至 9700 美元/吨；自 2009 年全球开始大放水之后，直到 2011 年，伴随流动性宽裕，全球经济逐步复苏，伦锡再度上涨至最高 33600 美元/吨（见图 4-12）。

尽管有色板块相对于黑色或者化工板块而言，是受外盘价格影响较大的一类大宗商品，但是板块内部，相较于黄金、白银或铜，锡价受宏观的影响

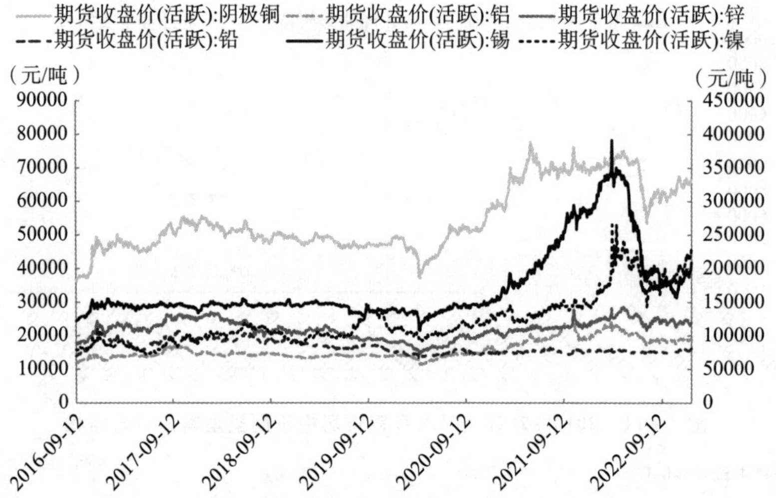


**图 4-12　2016—2022 年有色金属期货主力合约价格走势**

资料来源：Wind。

相对较小。长期趋势上，锡价与美元保持一定的负相关性，但是从两者的 200 日移动平均指数来看，这种负相关性仅阶段性强烈有效，并不稳定。美元走强令锡在 2022 年年中一波衰退交易中走出了流畅的集体跌势，而后当锡基本面边际变化不大时，美元涨跌也能在宏观层面解释锡价的波动，近 200 日的美元指数与锡价相关性达到 -0.93 能直接验证这一点（见图 4-13）。

**图 4-13　2011—2022 年 LME 市场锡期货价格走势**

资料来源：Wind，国泰君安期货研究。

## 三、下游需求对锡价的长期影响有哪些？

在锡的下游消费中，焊锡是最大的占比分项，在 2021 年全球精炼锡消费中约占 50%。若将锡主要终端应用领域进行归结整合，计算机、通信、消费电子、汽车电子和工业控制等行业均属于广泛的半导体行业的定义范畴中，所以半导体行业的兴衰对锡价有着决定性的影响。

这一点在 2022 年就体现得格外明显。以 2022 年上半年国内疫情为例，以昆山为代表的长三角一带是国内半导体产业的聚集地，但是当时由于疫情等因素，影响了开工和运输，直接导致锡需求疲软。此后随着需求持续下滑，各大芯片厂商开启了砍单风暴，下游厂商订单不佳而接货意愿不强，很大程度上助推了锡价的快速下行。更为直观地看，美国半导体行业景气度以美国费城半导体指数来指征，其走势与锡价保持趋势上极大的相似度，甚至可以作为锡价的领先指标，先一步开启周期，两者同比更是节奏基本一致。同理，中国台湾半导体行业指数、电子行业指数、电子零组件行业指数等指标，也与锡价保持高度相关，这说明了半导体行业的兴衰直接影响锡价的需求强弱。统计学上来看，费城半导体指数于 LME 锡价的相关性可达到 0.6 以上，中国台湾电子行业指数与锡价的相关性则比 0.6 略高（见图 4－14、图 4－15）。

## 四、期货技术分析的方法有哪些？

一般来说，期货的技术分析方法，主要分为以下五种。

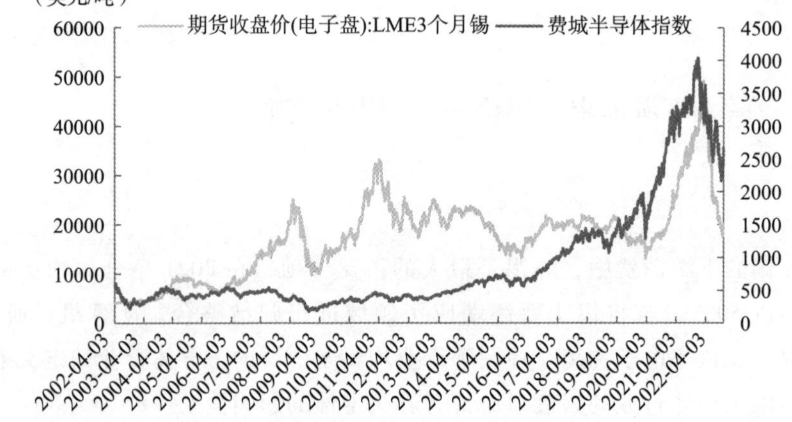


**图 4-14　2002—2022 年美国费城半导体指数来指征半导体行业景气度**

资料来源：Wind，国泰君安期货研究。

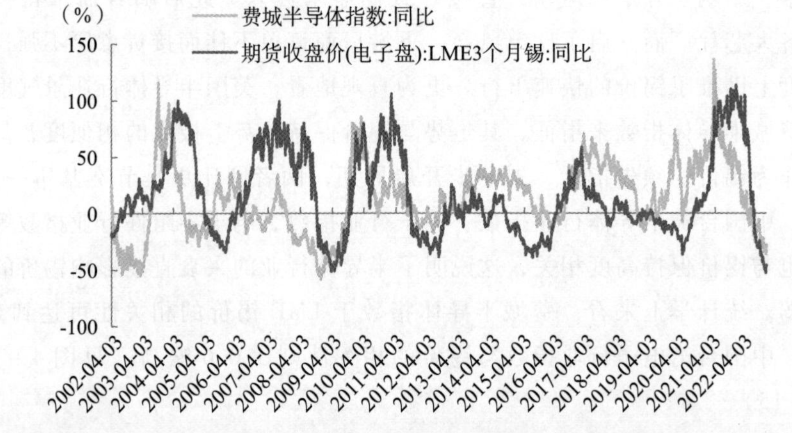


**图 4-15　2002—2022 年美国费城半导体指数走势与锡价保持极大的相似度**

资料来源：Wind，国泰君安期货研究。

### （一）指标类

指标类分析方法是以市场行为作参考，建立数学模型，得到一个体现期货市场所处状态的指标值，为用户的操作行为提供指导方向。如相对强弱指标（RSI）、随机指标（KD）、趋向指标（DMI）、平滑异同移动平均线

(MACD）等。

### （二）切线类

切线主要起支撑和压力的作用。一般来说，期货价格在从下向上抬升的过程中，一触及压力线，甚至未触及压力线，就会调头向下；而期货价格在从上向下的过程中，在支撑线附近就会转头向上。此外，若触及切线后没有转向，而是继续向上或向下，则叫突破。突破之后，这条切线仍然有实际作用，只是原来的支撑线变成压力线，原来的压力线变成支撑线。

### （三）形态类

根据价格图表中过去一段时间的轨迹形态，来预测期货价格未来趋势。价格轨迹的形态是市场行为的重要部分，是期货市场对各种信息感受之后的具体表现。从价格轨迹的形态中，可以推测出期货市场所处的环境，从而对今后的投资给予一定指导。主要的形态有 M 头、W 底、头肩顶、头肩底等。

### （四）K 线类

K 线类的研究手法是侧重若干天的 K 线组合情况，推测期货市场多空双方力量的对比，进而判断期货市场多空双方谁占优势。K 线图是进行各种技术分析的最重要的图表。

### （五）波浪类

波浪理论把价格的上下变动和不同时期的持续上涨、下跌看成波浪的上下起伏。波浪的起伏遵循自然界的规律，期货的价格运动也就遵循波浪起伏的规律。简单地说，上升是 5 浪，下跌是 3 浪。数清楚了各个浪就能准确地预见到：跌势已接近尾声，牛市即将来临；或牛市已到了强弩之末，熊市即将来临。波浪理论能提前很长的时间预计到行情的底和顶，但相对较难掌握。

就沪锡期货而言，可以从 K 线图以及成交、持仓量的变动对目前市场交易的多空双方力量进行分析判断，并得到对应的市场交易情绪。

以 2022 年 4 月中旬沪锡期货的走势为例，可以看到自 2021 年 1 月底开始的牛市行情，基本都在底部切线（即长期趋势线）的上方，而在 2022 年

4月中旬，美联储主席鲍威尔一改前态释放了“不惜一切代价”的鹰派信号，随后美债收益率、美元指数齐齐拉涨，宏观层面集体向以有色金属等受外盘扰动较大的商品施压，此期间锡价也向下突破了长期趋势线，这标志着沪锡期货牛市的终结。随后，锡价持续回落，并回落至牛市开始的位置。

而当锡价在2022年11月回落至15.6万元/吨的区间位置时，基本上已经回吐了锡市自2021年1月以来的所有涨幅，此价格点位也可以看作是下方的支撑位。因此，当沪锡价格跌至此位置时，多头资金入场开始做多，锡价底部反弹（见图4-16）。

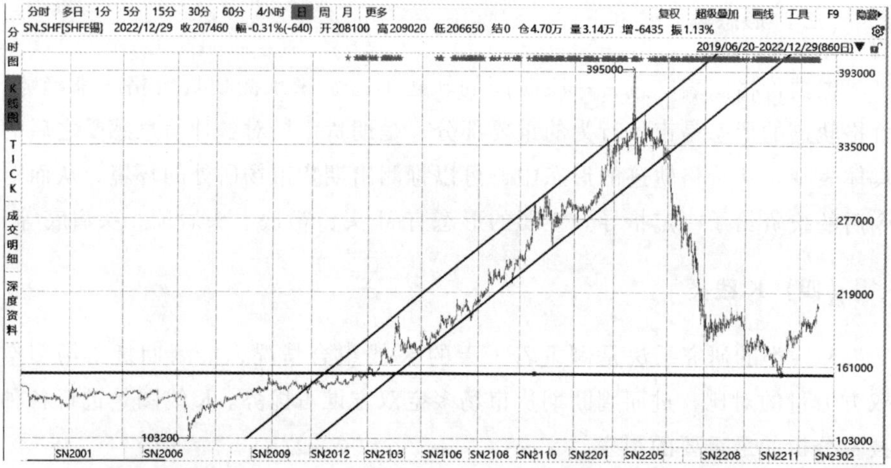


**图4-16 2019年7月至2022年12月沪锡期货K线图走势**

资料来源：Wind。

## 自测题

### 一、选择题

1.（ ）因素能影响锡期货价格。

A. 政策环境变化 B. 供需基本面变动 C. 库存增减

D. 市场预期波动　　E. 市场交易情绪变化

2. 沪锡期货合约的技术面分析主要包括（　　）因素。

A. K线类指标　　B. 波浪类指标　　C. 形态类指标

D. 切线类指标　　E. 市场行为指标

3. 印度尼西亚禁止锡矿石出口，将会使（　　）。

A. 锡期货价格出现上涨态势

B. 锡期货价格出现下跌态势

C. 锡期货价格不受此消息影响

4. 焊锡的终端应用领域中，占比最高的是（　　）。

A. 生活消费品　　B. 通信设备

C. 计算机　　D. 汽车交通

5. 2021年，焊锡在全球精炼锡消费中约占（　　）。

A. 10%　　B. 30%

C. 50%　　D. 70%

## 二、判断题

1. 计算机、通信、消费电子、汽车电子和工业控制等行业均属于广泛的半导体行业的定义范畴中，所以半导体行业的兴衰对锡价有着决定性的影响。（　　）

## 三、简答题

1. 请简要阐述影响沪锡期货的终端需求领域，并对后续终端的变化作相应预判。

# 参考答案

## 一、选择题

1. ABCDE　　2. ABCDE　　3. A　　4. A　　5. C

## 二、判断题

1. √

## 三、简答题

锡主要终端应用领域包括，计算机、通信、消费电子、汽车电子和工业控制等，这些行业均属于广泛的半导体行业，所以半导体行业的兴衰对锡价有着决定性的影响。

2024 年，需求回暖的趋势会继续延续，为锡价带来支撑。首先，从库存周期的角度来看，半导体行业已经基本完成被动去库存，逐渐进入主动上库存周期。进一步来看消费电子的需求，智能手机 2024 年有望实现反弹，计算机方面也呈现复苏向好迹象。除了半导体行业之外，光伏和新能源汽车一直是锡消费中的结构性亮点，然而我们认为，2024 年新能源需求对于锡的消费拉动或显著下降。

# 第五章

# 锡价历史回溯和重大事件

**本章要点**

本章主要介绍了锡历史价格发生变化时背后的逻辑以及原因，并选取了2022年锡价扰动较大的影响因素进行专题讨论。

## 一、锡历史价格走势经历了哪些阶段？

自2015年3月锡期货上市以来，受国内外多重因素影响，其价格走势经历了持续下跌、趋势上涨、横盘震荡、剧烈波动等多个阶段（见图5-1）。截至2022年12月，纵观沪锡的历史价格波动情况，大致可以分为以下六个阶段。

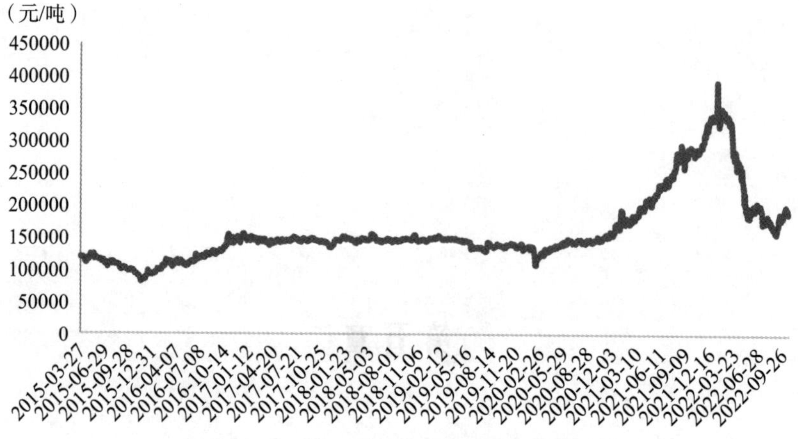


**图 5-1 2015—2022 年沪锡价格走势**

资料来源：同花顺 iFinD，国泰君安期货研究。

### （一）持续性下跌阶段（2015 年 3 月—2015 年 12 月）

在这一阶段中，恰逢全球经济增长放缓叠加供应端产量激增，导致市场上锡价一路走跌，沪锡上市后也伴随市场下跌行情而持续性走弱。具体来看，自 2015 年第二季度开始，整个宏观经济就十分不稳定，市场对全球经济预期的担忧不断加重，希腊债务违约以及可能退出欧元区的前景同样使基本金属市场承压，投资者将资金撤出大宗商品市场，造成沪锡大跌。此外，供应端方面，缅甸锡矿产量增长较大，在弥补了印度尼西亚减产的缺口的同时造成了市场上精炼锡的供大于求。进入 2015 年第三季度后，市场悲观情绪浓厚，需求低迷，锡价缺乏支撑继续下跌。在进入 2015 年第四季度后，市场环境持续不见好转，企业挺价心理逐渐瓦解，价格下调幅度明显加大。整体来看，沪锡上市当年表现并不好，经济大环境和行业基本面都较差，致使沪锡价格持续性走低。

### （二）趋势性上涨阶段（2016 年 1 月—2016 年 12 月）

进入 2016 年后，世界经济迈入调整恢复期，中国供给侧结构性改革影响深远，锡的国内市场需求开始回暖，带动锡价趋势性上行。在供应方面，中国主要锡企在 2016 年上半年联合倡议减产 1.7 万吨，叠加缅甸矿端产能激增的预期消退，使市场上锡的供应开始下滑。同时，LME 的锡库存也降至近 8 年来的历史最低位。在上涨的过程中，伴随锡价的回暖，上游冶炼厂纷纷积极出货，而下游厂商在完成补库刚需后也进入了按需采购的平稳期，市场整体有所降温但不改变上涨趋势。在进入 2016 年第三季度后，由于宏观环境导致的市场避险情绪升温，使锡价出现了短暂回调。而自 2016 年第四季度开始，国际宏观环境总体趋于平稳，国内经济运行也相对稳定，矿山企业开工率受环保及产能制约，未能大幅提高，加上国内原料供应并未出现明显增加，以上因素导致锡价出现易涨难跌的局面。2016 年 11 月后，美国大选结果出炉，其经济形势明朗，且通胀预期升温，美元指数上涨，人民币则再创新低，基本面弱，再加上产量增加，造成了沪锡价格的下行。就全年来看，2016 年的锡价是经济复苏带动的较为确定的趋势性上涨。

### （三）横盘震荡阶段（2017 年 1 月—2017 年 12 月）

在经历 2016 年趋势性上涨后，世界经济复苏较为温和，供应端全年无较大增长，虽然市场需求好转但增长不大。此外，在供应端方面，让市场十分关注的缅甸锡矿，自 2017 年开始全面进入了地表下低品位矿的开采阶段，全年无产能激增的可能。就供需两端来看，锡在 2017 年不存在大涨或大跌的可能。从具体时间段来看，进入 2017 年下半年后，国际方面，全球经济预期乐观以及美元指数连续下跌，国际锡下游需求依然旺盛，而国内方面，供给侧结构性改革和环保核查的开展，均使沪锡价格上涨。但很快下游需求不足及产能过剩使价格一度疲软。步入 2017 年第四季度，房地产、制造业等数据普遍出现回落或增速持续放缓，未能达到市场预期，悲观情绪开始蔓延，再加上取暖季限产措施的落实，进一步加剧了需求走低。总的来说，尽管国内宏观数据下滑给市场带来了一些干扰，但沪锡价格整体以震荡回调为主。

### （四）剧烈波动阶段（2018 年 1 月—2019 年 12 月）

锡的应用较为广泛，其产业链上下游涉及多个产业、多个市场。因此，在锡期货基本面分析中，必须考虑来自国际政治的风险因素。在 2018 年上半年，锡的供应端变化支撑锡价走出了上涨行情，主要是缅甸资源遭遇市场看空，叠加环保政策实施所造成的市场情绪不安，最后在云南地区减产的刺激下走强。进入2019年，随着中美贸易摩擦加剧，产生的利空影响使锡价打破了维系两年半之久的高位震荡格局，走出了一段下跌行情。2018年下半年，日韩的贸易争端使韩国电子产业链遭遇危机，锡焊料的消费需求前景变得暗淡，加速了锡价的走低，在经过上游联合减产和印度尼西亚禁矿等事件后才开始逐步回升。

### （五）疫情冲击与全球经济恢复阶段（2020年1日—2021年12月）

2020年年初，随着中美经贸协议的达成，电子和半导体行业开始回暖，但是突如其来的疫情席卷了全球，深刻影响了全球经济的发展，使电子、半导体以及家电等行业陷入停滞，加上市场情绪的发酵，锡价出现了断崖式下跌。随后全球疫情的演变成为了干扰锡价的重要因素，直接影响了市场对于锡下游市场需求的预期。比如2020年第二季度疫情得到有效控制时，沪锡价格开始走高，并一度接近疫情前水平，但是在进入第三季度后，国外疫情失控，欧洲地区疫情二次暴发，市场对于锡的需求预期再次下滑，进而引发了锡价回调。

进入2021年后，在低库存和宏观利多的大背景下，锡价一路上涨，沪锡主力合约最高触及29.6150万元/吨，收于28.1030万元/吨。从具体阶段来看，2021年第一季度，海外市场需求复苏但是锡的市场供应严重不足。2021年第二季度，东南亚疫情反复，马来西亚冶炼厂MSC停产，印度尼西亚锡锭出口减少，云南瑞丽口岸关闭使缅甸锡进口受阻，加上云南限电使大部分冶炼厂停产，以上因素均使供需矛盾逐步加剧。在库存方面，沪锡开始去库存，LME锡的库存也维持在低位阶段。同时，宏观方面利多因素出现，美元震荡走弱、欧美等全球主要经济体继续实施宽松政策。因此，在各方面因素都利好锡价的背景下，沪锡价格不断走高。进入2021年第三季度后，云南限电的影响持续存在，再加上云锡公司开启45天的停产检修等，锡的供给端又一次趋紧，国内锡库存达到历史低位，锡价持续性上涨。2021年第四季度开始，马来西亚MSC产能恢复至80%，在国内外库存继续下降叠加欧洲能源危机的影响下，锡价一度创出一年来的新高，但随后煤炭价格连续大跌扰动市场，同时缅甸疫情反扑锡矿进口受阻，供应也有修复预期，锡价上行遇阻，但在低库存支撑下，锡价呈现出高位震荡过程中带动锡价重心上移。

### （六）冲高回落后大幅下跌阶段（2022 年 1 月—2022 年 12 月）

在 2021 年，锡走出了一波大牛市行情，其上涨劲头延续至 2022 年第一季度，而在此后行情急转直下，开启了一轮急速下跌，回吐了 2021 年全部涨幅，其价格较最高时回落超 60%，刷新了市场对锡的认知。回顾 2022 年锡价的表现（见图 5－2），分季度来看，在第一季度中供应紧张且下游库存较低，市场风险偏好情绪高涨，投机资金热度增加，带动了锡价创下历史新高。而随着市场情绪平复，资金潮退去，锡价也开始了持续性下跌。进入第二季度后，面对高通胀的局面，鲍威尔释放了强硬的鹰派信号，美债收益率及美元指数纷纷走强，全球大宗商品承压明显。此时，基本面已发生了改变，海外供应端的修复令伦锡率先跌落，国内进口窗口打开，货源逐渐流入国内。而国内疫情再度暴发使锡的需求侧受到极大冲击，主要由于锡的下游产业多集中在长三角地区，疫情让部分生产活动停摆、物流运输中断。在此情形下，锡的供需局面由“供弱需强”转变为“供强需弱”，行情演绎的主逻辑发生变化。此后，虽然国内主要产地的冶炼厂开始联合减产以挽救锡价颓势，但是难以抵消缅甸矿企的抛售和巨大的进口冲击，加上需求端半导体行业遭遇砍单，供强需弱的趋势使锡价持续性下跌，直至 2022 年 7 月中旬开始企稳。在进入 2022 年第四季度后，国内疫情防控优化政策出台，加上半导体行业利好因素，锡价开始震荡上行。在供需方面，较低的锡价和下滑的加工费打压了上游冶炼厂的生产意愿，价格也得到了成本端支撑。

## 二、疫情对锡价有哪些影响？

2020 年，突如其来的疫情席卷了全球，对各行各业产生了重大冲击，

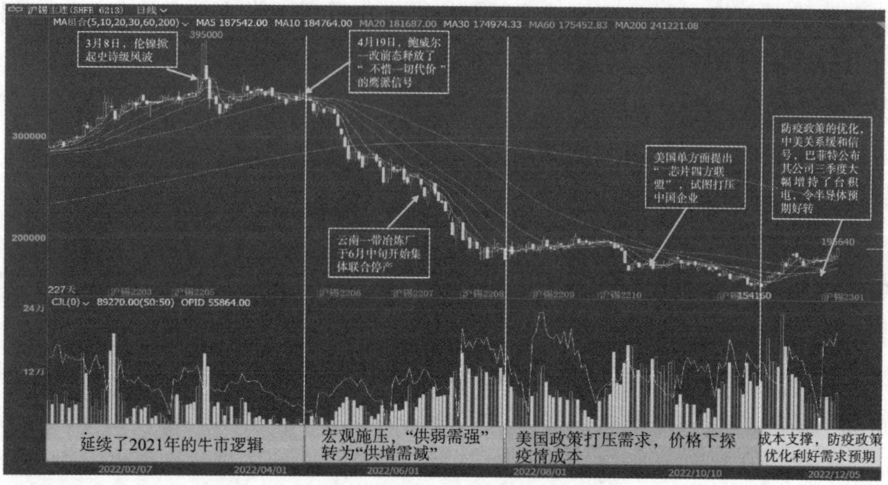


**图 5-2　2022 年锡价走势回顾**

资料来源：文华财经，国泰君安期货研究。

使全球经济发展面临巨大挑战。市场的恐慌情绪加速了锡价快速走低，结束了锡价长期维持的高位震荡格局。而随着疫情防控的开展、复工复产的进行，锡价重回疫情前水平，此后伴随疫情的不断干扰，锡价在经济复苏背景下走出了强势的牛市行情。但是在后疫情时代中，全球经济复苏缓慢叠加高通胀下的全球主要央行货币紧缩政策，大宗商品承压明显，有色金属板块跌幅较大，其中锡价的表现最为明显，较最高点回撤超 50%。疫情对全球大宗商品的冲击持续性较强，无论是在早期的防疫阶段，还是在后续的恢复阶段，疫情深刻冲击了全球产业链的供应和需求。

在大宗商品领域，供应端和需求端直接受到疫情干扰。此外，国内外物流运输问题也成为大宗商品价格波动的重要影响因素。

从供应端来看，疫情会导致上游冶炼企业及矿端开采企业的复工复产延迟，新增产能的释放受到阻碍，影响锡的供应恢复和增长。此外，疫情带来的经济增长下滑或放缓，打压了主要矿企的投资扩建积极性。面对高通胀下的货币紧缩政策，扩建项目的机会成本增加，延缓了全球锡产能扩张的进程。

在锡的需求端，受疫情的影响，锡的主要消费领域出现停滞，包括焊锡、镀锡板、化工、合金以及其他领域。在具体产业方面，消费电子和半导体产业受疫情影响较大。首先，半导体行业具有极强的周期性。从全球季度半导体销售额同比表现能明显看出，存在明显的波峰波谷，2000 年至今半导体周期经历了约 4 轮周期，每轮周期持续时长在 3～5 年不等。比如 2016 年至 2019 年的周期中，手机、服务器存储容量进行革命性升级，带动新一轮行业景气度上行，然而 2018 年第三季度后由于存储产能大幅释放，行业经历集体去库存，再度带动行业进入下行周期。最新的周期起始时间在 2019 年第四季度，彼时疫情增加居民对电子产品的宅家消费，刺激了半导体需求，同时由于疫情影响了部分供给导致半导体缺货涨价，于 2022 年第一季度重新回到下行通道。因此，半导体行业在供需方面会受到来自疫情的影响，从而影响对锡的需求。此外，疫情的持续性干扰还降低了市场对半导体行业的需求预期，导致全球主要半导体企业纷纷开始缩减资本支出，包括台积电、世界先进、力积电在内的晶圆代工厂，以及美光、南亚科、SK 海力士、铠侠等存储厂商都开始大幅缩减资本支出，其中设备投资的缩减更是首当其冲。2023 年半导体行业的资本支出将下降 19%，这是自 2008—2009 年全球金融危机以来的最大降幅（见图 5－3、表 5－1）。

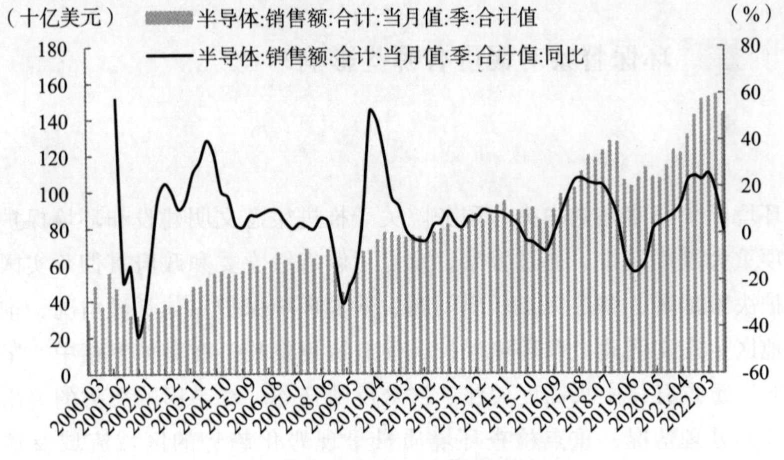


**图 5－3　半导体行业具有极强的周期性**

资料来源：Wind，国泰君安期货研究。

表 5 - 1　　2022—2023 年各大芯片巨头的资本开支情况

| 企业 | 资本开支缩减情况 |
| --- | --- |
| 英特尔 | 2022 年设备投资比此前计划减少 15% |
| 台积电 | 删减 2022 年资本支出 40 亿美元，其中一半是设备采购 |
| 美光 | 2023 财年的资本开支规模将是 80 亿美元，比上一财年将下降 30%，2023 财年将把芯片封装设备方面的投资砍掉一半 |
| 韩国 SK 海力士 | 2023 年大幅减少设备投资额 |
| 南亚科 | 2022 年生产设备资本支出降幅约 40%，而 2023 年生产设备资本支出相较于 2022 年将进一步调降逾 20% |

资料来源：国泰君安期货研究。

在物流运输方面，各地区疫情防控的收紧导致跨地区货物运输遇到阻碍，增加了运输公司的相关成本，从而抬升了大宗商品的运输成本，进一步压缩了下游消费端企业的利润。此外，对于相关运输企业来说，疫情所造成的经营亏损、人员流失以及设备淘汰都需要一定时间调整恢复，这使后疫情时代大宗商品的物流运输面临一定压力。

## 三、环保督察对锡价有哪些影响?

环境保护督察是党中央、国务院关于推进生态文明建设和环境保护工作的一项重大制度安排，通过督察，重点了解省级党委和政府贯彻落实国家环境保护决策部署、解决突出环境问题、落实环境保护主体责任情况，推动被督察地区生态文明建设和环境保护，促进绿色发展。在具体督察中，坚持问题导向，重点盯住中央高度关注、群众反映强烈、社会影响恶劣的突出环境问题及其处理情况；重点检查环境质量呈现恶化趋势的区域流域及整治情况；重点督察地方党委和政府及其有关部门环保不作为、乱作为的情况；重点了解地方落实环境保护党政同责和一岗双责、严格责任追究等情况。

而对于大宗商品生产企业来说，在产品生产过程中如果环保工作不到位，则很容易造成各种环境污染，尤其是上游的冶炼企业。随着政府和社会对环境污染的重视以及相关法律法规的颁布，环境治理成为了地方政府的重要工作，相关处罚措施也约束了地方企业的不良行为。

通常来讲，环保督察对于大宗商品的上涨具有刺激作用，主要是涉及供应端短期变动。对于越过环保红线的企业，环保督察组是坚决给予制止和处罚的，这使不少企业在环保督察组进驻前或进驻后一段时间里削减了计划产量，减少了污染的排放。同时，借助环保督察的契机，地方政府也顺势取缔了一些顽固的高耗能高排放的落后产业。

我国作为锡的主产国之一，在锡的生产制作过程中制定了严格的排放标准，所产生的废气废水必须严格管理，从而保护地方生态环境。当前，部分老旧工厂并未严格按照要求更新设备或完成环保设施配比，依旧采取粗放式的生产方式，这意味着这一部分产能在环保督察组进驻前或进驻后的一段时间里将被抑制。此外，为了防止污染情况再度恶化，环保督察“回头看”自 2018 年实施以来，进一步增强了环境污染治理强度和效果。

整体来看，环保督察对于锡价的影响是具有刺激作用的。其影响效果主要是从供应端传导，使市场对于锡的短期供应出现下滑，并且往往越强硬的督导力度和处罚力度对锡价的影响越大。

## 四、锡冶炼企业的集体停产检修对锡的市场供应有哪些影响?

作为锡的上游企业，冶炼厂的停产检修将直接影响锡的市场供应，往往对锡价有明显的支撑作用。停产检修既是符合国家安全规制的一种常规手段，有利于企业的稳健经营和安全生产，也是应对产品价格持续下跌的重要策略。

对于锡产业链来说，当上游冶炼企业集体停产检修时，其主要目的是维持市场上锡的价格或者减缓下跌趋势。以 2022 年锡行情为例，自沪锡期货价格达到最高点395000元/吨后就开启了一路下跌行情，在不到三个月的时间里，沪锡期货价格跌幅就超过了60%，现货端也持续走弱，致使众多锡冶炼企业不得不面临亏损风险。在此情况下，众多企业开始了停产检修计划，希望通过减少市场供应来支撑锡价。

2022年6月，国内几大主要锡冶炼厂开始了停产检修，停产时间大部分在30~50天，影响供应量超12000吨，占据了国内总产量的75%。在此过程中，作为国内锡业龙头的锡业股份也加入了停产检修队伍，凭借国内超50%的市占率积极向市场传递挺价意愿。当然，国内企业的集体停产检修并不能彻底改变市场供需格局，必须结合国内外的供需情况，当进口冲击和下游需求低迷时，集体检修的提振作用将大打折扣。

此外，冶炼企业的集体停产检修对于大宗商品的市场供应存在一定的滞后性，很难短时间改变市场的供需格局，尤其是在市场持续去库存阶段。

## 自测题

### 一、选择题

1. 2016年1月至12月，锡期货价格处于（　　）。

A. 持续性下跌阶段　　B. 趋势性上涨阶段

C. 横盘震荡阶段　　D. 剧烈波动阶段

2. 就供需两端来看，锡在2017年（　　）。

A. 存在大涨可能　　B. 存在大跌可能

C. 存在剧烈波动可能　　D. 不存在大跌大涨可能

3.（　　）不是2018年1月至2019年12月锡价剧烈波动的主要原因。

A. 中美贸易争端　　B. 日韩贸易争端

C. 印度尼西亚禁矿事件　　D. 新的锡矿发现

4.（　　）是2021年第二季度供需矛盾加剧的原因。

A. 马来西亚冶炼厂MSC停产　　B. 印度尼西亚锡锭出口减少

C. 云南限电使大部分冶炼厂停产　　D. 以上都是

5.（　　）不是2022年第四季度锡价震荡上扬的主要原因。

A. 国内疫情防控优化政策出台　　B. 国内物流运输中断

C. 半导体行业利好因素　　D. 成本端的支撑

## 二、判断题

1. 2015年，沪锡期货上市当年表现并不好，经济大环境和行业基本面都较差，使沪锡价格持续性走低。（　　）

2. 中国几大锡企在2016年上半年联合倡议增产1.7万吨，叠加缅甸矿端产能激增的预期，使市场上锡的供应开始上升。（　　）

3. 2020年初，随着中美经贸协议的达成，电子和半导体行业开始回暖，锡价开始持续回升。（　　）

4. 2022年第二季度，锡的供需局面由“供弱需强”转变为“供强需弱”，行情演绎的主逻辑发生变化。（　　）

5. 整体来看，环保督察对于锡价的影响是具有刺激作用的。（　　）

# 参考答案

## 一、选择题

1. B　2. D　3. D　4. D　5. B

## 二、判断题

1. √　2. ×　3. ×　4. √　5. √

# 第六章

# 锡期货的套期保值

**本章要点**

套期保值的主要功能是规避价格波动风险，实现企业稳健经营。本章主要介绍了套期保值的基本原理、套期保值的分类以及基差和基差风险对套期保值的影响。同时，从锡产业链企业出发，讲述了套期保值对锡相关企业的作用、锡企业套期保值团队搭建的流程，并以实际案例解读套期保值在锡产业链企业中的应用等。

## 一、锡相关企业是如何进行套期保值的？

期货市场最重要的功能为规避风险和价格发现，核心宗旨为服务现货企业和现货市场，服务实体经济。随着我国商品市场的日趋成熟和完善，参与商品期货市场的实体企业越来越多，熟练运用商品期货工具，可以有效为实体企业的稳健运营保驾护航。总的来说，套期保值对实体企业有四个方面的作用。

### （一）规避现货价格波动风险，保证企业利润

在市场经济条件下，商品的价格由市场供求决定，而价格无时无刻不在变化，商品价格向不利方向变化会对企业的生产经营和盈利造成不利的影响，尤其是在市场遭遇大规模系统性风险或出现剧烈的供求矛盾时，价格会在短时间内发生剧烈波动从而对相关企业造成极大的不利影响。例如，2020年初全球经济遭遇疫情侵扰，悲观的市场情绪使锡价短时间内出现大幅下跌，而进入 2021 年后，锡价伴随全球经济复苏而全年走强。在锡价大跌大涨的过程中，锡产业链上下游企业的利润出现了较大波动，对企业的生产经营造成不小的冲击。若采用套期保值的方式，则可以在很大程度上规避这种异常的价格波动，保障企业的正常经营。

对于生产端企业来说，一方面需要面临原材料价格波动的风险，另一方面也需要面临产成品价格波动的风险。比如某锡冶炼企业遭遇了锡矿价格大幅上涨而锡锭价格大幅下跌的情形，则企业的利润必然会受到严峻挑战。但是，如果该企业利用商品期货进行了套期保值，则可以锁定远期原料价格和产成品价格，从而规避这段时间内两者价格大幅波动的风险。

企业锁定远期利润可能会导致在未来产品利润上升时失去盈利扩大的机会，但对于成熟的企业来说，稳健经营永远是第一位的，与其在市场随波逐流、放任自身利润大起大落，还不如提前锁定未来长时间的稳定利润。因此，套期保值实际起到了平滑企业利润曲线的作用。

### （二）合理安排生产计划，保障企业生产节奏

企业在实际生产的过程中，生产节奏往往容易受价格波动导致的利润变化的影响，以锡冶炼厂为例，在产品盈利时，冶炼厂能够保证稳定连续生产，而当产品出现大幅亏损时，企业往往需要调整生产节奏，减少产量，避免更大幅度的亏损，而这种利润的波动往往没有可预见性，企业总是被动跟随市场价格变化进行生产节奏的调整，缺乏效率，甚至时常会放大亏损。而

企业如果选择在期货市场进行套期保值操作，锁定了未来的原料和产成品价格，进而锁定远期利润，把现货市场价格波动对企业的影响降至最低，企业就可以从容地安排生产和检修计划，保障企业的稳健运营和长期发展。

### （三）减少资金占用，提高资金使用效率

期货市场一般为杠杆交易，在期货市场进行套期保值对冲时，往往只需要少量的保证金（沪锡一般为14%左右），就可以大大提高资金的使用效率。例如某电子企业需要对原材料进行补库，但是担心未来原材料锡的价格上涨，则可以在期货市场上对锡进行买入保值的操作，这样只使用了14%左右的资金，就实现了规避原料未来价格上涨的风险。

### （四）期货实物交割，拓宽采购和销售渠道

为践行服务实体经济的宗旨，我国商品期货均采用实物交割制度，给与了参与期货市场的实体企业非常大的便利，扩宽了企业采购和销售的渠道。例如，在某些时段锡供应紧张，企业采购困难，可以通过在期货市场买入锡期货并最终以参与交割的方式实现对实物的买入，从而解决了现货市场购买困难的问题。同样，在市场较为低迷，产成品销售遇到困难的时候，企业往往容易堆积大量库存，占用流动资金，此时可以通过在期货市场卖出保值并最终参与交割，在期货市场上完成对现货的销售。

## 二、锡相关企业为什么要进行套期保值？

如第三章所述，锡的主要应用终端是计算机、通信、消费电子、汽车电子和工业控制等行业，而宏观经济环境、行业供需、产业政策以及市场预期等方面都会引起锡价波动。锡价的涨跌则会影响企业生产与盈利，为了行业的稳定发展、企业的有序生产，锡相关企业一定会进行套期保值，具体理由如下。

第一，减少价格的不确定性，有效管理风险：通过套期保值，企业可以锁定未来某个时间点的锡价格，从而减少价格波动带来的不确定性，避免因原材料价格波动而导致的损失，甚至可能在价格波动中获益。有效管理风险会增加企业的竞争力。

第二，成本控制方面：通过套期保值，企业能够更好地控制原材料成本，有序安排生产。

第三，投资者信心：展现出有效的风险管理能力可以提升投资者的信心。当企业采用套期保值来管理其原材料成本风险时，这不仅显示了对市场动态的敏感性和应对能力，而且也展现了对长期财务健康和稳定的承诺。

企业在选择套期保值策略时，也需要考虑多种因素，包括市场条件、公司的财务状况以及风险承受能力。

## 三、套期保值得以实现的基础是什么？

企业通过套期保值来实现商品期货市场与现货市场中的头寸对冲，可以达到控制成本或者锁定利润的目的。商品期货市场之所以具有规避价格波动风险的功能，主要依赖于期货价格和现货价格愈渐收敛的波动规律，即期货价格和现货价格走势基本上呈现随交割时间的由远及近、从价格差异到趋于收敛的变化规律。

一方面，同种商品的期货价格和现货价格走势呈现同向性。价格影响因素对同一种期货和现货商品是基本一致的，因此长期来看，同一种商品的现货价格和期货价格在长期走势上具有趋同性，且相关性很高，呈现同涨同跌的趋势。但是在短期内，期货价格和现货价格对影响价格变动的成本因素、时间因素或者市场预期等其他因素影响的敏感度不同，两种价格走势就会出现偏差，价格的涨跌幅度出现不完全一致的情况，从而在两个市场间形成价格波动差异。套期保值者大多是利用期货和现货存在的时间差异而导致的价格走势差异，从期货市场获得的盈利来弥补现货市场中价格不利变化所导致的亏损。

期货价格等于现货价格加上持有成本，期货市场上的报价是未来几个月甚至一年以后的价格。现货市场和期货市场是完全不同的两个市场，由于期货市场中存在大量的投机资金、较高的市场流通性以及较低的市场准入门槛，期货价格的敏感程度要高于现货价格。当出现影响下跌的因素时，期货市场价格比现货价格敏感，一般会先于现货市场转空，并通过期货市场的价格反映出来，跌幅一般大于现货市场。这时，企业应及时在期货市场适当的价位建立看空头寸，对未来的销售价格进行保值。一段时间后，如果现货市场价格也下跌，企业即可以选择按照当初建立的空头头寸的价格进行实物交割，也可以选择将期货市场上的空头头寸反向平仓获得盈利。具体采用哪种方式结束套期保值交易要计算两种方式的利润大小，由于后者操作简单便捷且费用少，在实际应用中经常被采用。

另一方面，临近交割月现货价格和期货价格具有收敛性。期现价格的收敛性是指期货价格和现货价格的走势随着临近商品期货合约交割月会逐渐趋于相同。期现价格收敛性的形成有以下两方面原因：第一，随着商品期货合约交割月的临近，期货和现货的时间差异逐渐缩小，市场预期值不存在差异，持有成本逐渐转为一致。第二，商品交易所规定期货合约到期时如果不采取反向平仓，就必须进行实物交割，且参与交割的必须是法人，不能是自然人，使投机者的持仓在临近交割月时必须要全部平仓撤出。综上，当期货合约临近到期日时，随着持有成本的缩小和投机盘的退出，期货价格和现货价格的差异必然接近于零。临近交割月时期现价格之间一旦出现不合理的价差，专做套利的机构就会有利可图从而进入市场套利，使期现货价格向不利于套利交易的方向波动，套利空间缩小，促使期货和现货价格进一步收敛。

套期保值交易在理论层面得以实现正是由于现货价格和期货价格走势趋同以及临近合约交割现货价格和期货价格又呈现出收敛。套期保值者在有利的时机在期货市场和现货市场中建立买卖交易方向相反的头寸。假设期货价格趋势呈现下跌，那么按照期现价格走势的一致性现货价格也会跟随下跌。为了防范现货价格下跌给企业带来的亏损，企业会在期货市场上建立空头头寸，当期货价格下跌的幅度大于现货价格下跌的幅度时，企业就可以将期货市场上的空头头寸通过反向平仓取得盈利，并在弥补现货市场的亏损后仍有盈利，达到规避价格波动风险的目的。如果套期保值比例是 1：1（不考虑增值税），套期保值者在期货市场中获得的平仓盈利不但可以完全弥补现货市场价格下跌带来的全部的亏损，还会有利润盈余。通过期货市场和现货市场上交易的反向对冲机制使套期保值得以成立。

## 四、套期保值实现风险对冲的条件有哪些？

利用期货工具进行套期保值操作，要实现“风险对冲”，必须具备以下三个条件。

第一，期货品种及合约数量的确定应保证期货与现货头寸的价值变动大体相当。由于受相近的供求等关系的影响，同一种品种的期货价格和现货价格之间通常具有较高的相关性，期货价格与现货价格变动趋势通常相同且变动幅度相近。这为实现套期保值提供了前提条件。

第二，期货头寸应与现货头寸相反，或作为现货市场未来要进行的交易的替代物。现货头寸可分为多头和空头两种情况。当企业持有实物商品或资产，或者已按固定价格约定在未来购买某商品或资产时，该企业处于现货的多头。例如，钢厂持有钢材库存或券商持有的股票组合，属于现货多头的情形。某建筑企业已与某钢材贸易商签订购买钢材的合同，确立了价格，但尚未实现交收的情形，建筑企业也属于现货的多头。当企业已按某固定价格约定在未来出售某商品或资产，但尚未持有实物商品或资产时，该企业处于现货的空头。某钢材贸易商与某房地产商签订合同，约定在三个月后按某价格提供若干吨钢材，但手头尚未有钢材现货的，该钢材贸易商就是处于现货的空头。

第三，期货头寸持有的时间段要与现货市场承担风险的时间段对应起来。当企业不再面临现货价格波动风险时，应该将套期保值的期货头寸进行平仓，或者通过到期交割的方式同时将现货头寸和期货头寸进行了结。例如，某钢材贸易商持有一批钢材现货，准备在期货市场卖空进行套期保值。

一旦该贸易商出售了该批钢材，便不再承担该批钢材价格变动的风险，此时企业应同时将期货空头头寸平仓。该贸易商也可以持有期货合约到期进行交割，以实物交收的方式将持有的钢材在期货市场卖出，同时了结现货和期货头寸。

具备以上三个条件，意味着期货市场盈亏与现货市场盈亏之间构成了冲抵关系，可以降低企业面临的价格风险，商品或资产价格波动对企业的生产经营活动的影响将会减小。

## 五、如何选择买入和卖出套期保值?

套期保值又分为卖出套期保值以及买入套期保值。

### (一) 卖出套期保值

卖出套期保值是为了防止现货价格在交割时下跌的风险而先在期货市场卖出与现货数量相当的合约所进行的交易方式，目的是锁定卖出价格。通常是锡冶炼厂为防止后续销售时，锡锭价格下跌而导致销售利润减少；锡矿厂商为防止矿产开采以后价格下跌；经销商或加工商为防止锡锭等货物购进而未卖出时价格下跌所采取的保值方式。

### (二) 买入套期保值

买入（买进）套期保值是指现货商（交易者）因为担心价格上涨而在期货市场上买入期货，目的是锁定买入价格，避免因价格上涨而给自己造成经济损失。这种用期货市场的盈利对冲现货市场亏损的做法，可以将远期价格固定在预计的水平上。买入套期保值是需要现货商品而又担心价格上涨的投资者常用的保值方法。

比如，某一出口商已经与对方签订了一笔 3 个月后交锡锭的合同，按照现行价格，利润相对颇丰，但出口商会担心 3 个月后锡价持续上涨使采购成本抬升。他在准备履行合同时有两种做法：一是现在就在市场上买进现货，然后储存起来，3 个月后予以交付，但这样做不仅需提前支付货款，并且还得支付仓储费和保险费；二是临近交付时再在市场上买进，但这样做有很大风险。一旦 3 个月后价格上涨了，买货交割很可能导致这笔本来可以获利的业务变成亏损。因此，可以采用套期保值的方式，即在期货市场上预先买进期货合约，这时的期货价与现货价差不多，买进期货后，实际上就是将 3 个月之后的采购成本锁定了，待后续实际进行采购锡锭时将期货市场中的多头头寸予以平仓即可。

## 六、基差及基差风险对套保效果有哪些影响？

基差的变化对套期保值的效果有直接的影响。从套期保值的原理不难看出，套期保值实际上是用基差风险替代了现货市场的价格波动风险，从理论上讲，如果投资者在进行套期保值之初与结束套期保值之时基差没有发生变化，就可能实现完全的套期保值。因此，套期保值者在交易的过程中应密切关注基差的变化，并选择有利的时机完成交易。

期货价格与现货价格的变动趋势是一致的，但两种价格变动的时间和幅度是不完全一致的，也就是说，在某一时间，基差是不确定的，套期保值者必须密切关注基差的变化。因此，套期保值并不是一劳永逸的事，基差的不利变化也会给保值者带来风险。虽然，套期保值没有提供完全的保险，但是，它的确回避了与商业相联系的价格风险。套期保值基本上是风险的交换，即以价格波动风险交换基差波动风险。

1. 对于买入套期保值者而言，其愿意看到的是基差缩小。

（1）现货价格和期货价格均上升，但现货价格的上升幅度大于期货价格的上升幅度，基差扩大，从而使加工商在现货市场上因价格上升买入现货蒙受的损失大于在期货市场上因价格上升卖出期货合约的获利。如果现货市场和期货市场的价格不是上升而是下降，加工商在现货市场获利，在期货市场损失。但是只要基差扩大，现货市场的盈利不仅不能弥补期货市场的损失，而且会出现净亏损。

（2）现货价格和期货价格均上升，但现货价格的上升幅度小于期货价格的上升幅度，基差缩小，从而使加工商在现货市场上因价格上升买入现货蒙受的损失小于在期货市场上因价格上升卖出期货合约的获利。如果现货市场和期货市场的价格不是上升而是下降，加工商在现货市场获利，期货虽然损失，但是总体会有净盈利。

2. 对于卖出套期保值者而言，其愿意看到的是基差扩大。

（1）现货价格和期货价格均下降，但现货价格的下降幅度小于期货价格的下降幅度，基差扩大，从而使经销商在现货市场上因价格下跌卖出现货蒙受的损失小于在期货市场上因价格下跌买入期货合约的获利。如果现货市场和期货市场的价格不是下降而是上升，经销商在现货市场获利，在期货市场损失。但是只要基差扩大，现货市场的盈利只能弥补期货市场的部分损失，结果仍是净损失。

（2）现货价格和期货价格均下降，但现货价格的下降幅度小于期货价格的下降幅度，基差扩大，从而使经销商在现货市场上因价格下跌卖出现货蒙受的损失小于在期货市场上因价格下跌买入期货合约的获利。如果现货价格和期货价格不降反升，经销商在现货市场获利，而且仍有净盈利。

理论上认为，期货价格是市场对未来现货市场价格的预估值，两者之间存在密切的联系。由于影响因素的相近，期货价格与现货价格往往表现出同升同降的关系；但影响因素又不完全相同，因而两者的变化幅度也不完全一致，现货价格与期货价格之间的关系可以用基差来描述。基差就是某一特定地点某种商品的现货价格与同种商品的某一特定期货合约价格间的价差，即基差（basis）是期现价格之差，基差＝现货价格－期货价格。基差有时为正（此时称为反向市场），有时为负（此时称为正向市场），因此，基差是期货价格与现货价格之间实际运行变化的动态指标。同时，由于基差的变动比期货价格和现货价格各自的变动要相对稳定一些，这就为套期保值交易提供了有利的条件；而且，基差的变化主要受制于持有成本，这也比直接观察期货价格或现货价格的变化方便得多。

3. 基差方面亦存在着相关的风险因素。

（1）套期保值交易时期货价格对现货价格的基差水平及未来收敛情况的变化。由于套利因素，在交割日期货价格一般接近现货价格，即基差约等于零。

（2）影响持有成本因素的变化。在理论上，期货价格等于现货价格加上持有成本，该持有成本主要包括储存成本、保险成本、资金成本和损毁等。

（3）被套期保值的风险资产与套期保值的期货合约标的资产的不匹配。此类套保称为交叉套期保值，其基差风险最大，因为其基差由两部分构成，一部分来源于套期保值资产的期货价格与现货价格之间的价差，另一部分来源于套期保值资产的现货价格与被套期保值资产的现货价格的价差。由于被套期保值的风险资产与套期保值期货合约的标的资产不同，其影响价格变化的基本因素也不同，导致交叉套期保值的基差风险相对偏高。

（4）期货价格与现货价格的随机扰动。基差对于套利、套期保值的意义重大。在期现套利中，投资者的收益是除去资金成本、交易成本等的期现价差，基差扩大将吸引套利者介入，直至套利机会消失，即期现价差回到合理区间之内。期现走势完全一致是最理想的套保状态，实际中基差的变化往往影响套期保值的结果。例如，某投资者 12 月 27 日进行了卖出套期保值，当日基差为 -30，但到第二年 1 月 3 日基差为 -70，其间现货跌幅大于期货，投资者持有的现货多头损失大于期货空头带来的盈利，基差扩大对卖出套期保值者产生了不利影响。而到 2 月 11 日，基差大幅收窄至 0，对于卖出套期保值者，其空头的盈利大于现货多头的亏损，基差收窄为卖出套期保值者带来了净收益。

## 七、企业应如何搭建套期保值团队？

为确保套期保值工作安全高效推进，需要成立套期保值决策委员会，由主任和成员构成。其中，主任由董事长或轮值总裁担任，成员包括套期保值业务分管副总裁、财务部负责人、证券部负责人、销售部负责人、采购部负责人、法务部负责人等。决策委员会下设套期保值业务办公室，成员包括期货办公室负责人、市场分析岗（兼）、交易岗、风险控制岗（兼）、资金调拨岗（兼）、会计核算岗（兼）等岗位（见图6-1）。

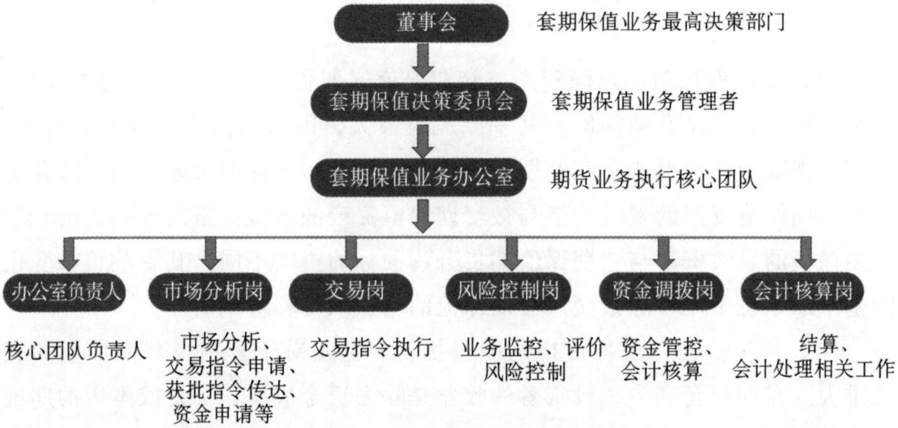


**图6-1 套期保值团队搭建**

资料来源：国泰君安期货研究所。

各岗位人员有效分离，不得交叉或越权行使职责，确保相互监督制约。

### （一）董事会

董事会是公司套期保值业务最高决策部门。

主要职责：（1）授权公司相关领导成立套期保值决策委员会；（2）审核和批准公司开展期货套期保值业务，批准具体套期保值的品种和期货套期保值年度工作计划；（3）授权签署期货套期保值业务相关法律文件，对公司期货套期保值业务进行监督管理；（4）审核商品期货套期保值业务报告、风险评估报告和审计报告。

### （二）套期保值决策委员会

套期保值决策委员会是公司套期保值业务管理者。主任是董事长或轮值总裁，成员是套期保值业务分管副总裁、财务部负责人、证券部负责人、销售部负责人、采购部负责人、法务部负责人等。

主要职责：（1）审核期货套期保值业务管理办法和期货套期保值年度工作计划；（2）审批公司期货套期保值业务方案；（3）审批商品期货套期保值交易；（4）授权使用保证金额度；（5）定期审定公司期货套期保值工作报告，对工作结果进行评价，并向董事会汇报保值工作；（6）确定公司期货业务及经纪业务合作公司，行使董事会授予的其他职责。

### （三）套期保值业务办公室

套期保值业务办公室包括期货办公室负责人、市场分析岗（兼）、交易岗、风险控制岗（兼）、资金调拨岗（兼）、会计核算岗（兼）等岗位。

1. 期货办公室是期货业务执行核心团队。

主要职责：（1）负责编写期货套期保值业务管理办法和期货套期保值年度工作计划；（2）负责编写追加保证金指令单，并向套期保值决策委员会上报；（3）审核并上报期货套保审批单；（4）审核并上报期货套保平仓或止损审批单；（5）审批实物交割；（6）负责对超出套期保值期货负责人权限范围的业务决策及应急处理。

2. 市场分析岗（兼）由营销中心及原料采购中心组成，负责市场分析、交易指令申请、获批指令传达、资金申请等相关工作。

主要职责：（1）负责相关产品的年度套期保值计划编制，以及相应资金的申请等重要事宜并上报给套期保值决策委员会；（2）负责境内期货套期保值业务的市场询价和外界业务交流；（3）对大宗相关产品的相关市场信息和趋势进行分析判断，提供相关产品现货锁价订单及成本毛利等基础资料，征询各自业务部门套保意向；（4）参与相关产品套保对应资金的申请或追加保证金申请，报套期保值决策委员会审批；（5）制定和修改相关产品套期保值业务方案并报套期保值决策委员会进行审批。

3. 交易岗主要负责公司期货业务的交易指令执行。

主要职责：（1）根据批准的期货套期保值业务计划，进行开仓、头寸管理；（2）向期货负责人和风控部报告新建仓及平仓头寸情况、计划建仓及平仓头寸情况、总持仓状况、结算盈亏状况、保证金使用状况及最新市场信息等情况。

4. 风险控制岗主要负责公司期货业务的监控、评价及风险控制。

主要职责：(1) 对套期保值业务的相关文件和方案合规审核；(2) 对套期保值工作报告进行套期保值风险评价并上报套期保值决策委员会；(3) 风控人员对建仓、平仓、交割相关环节进行全程监控，风控人员应当由非执行下单指令部门人员担任。

5. 资金调拨岗（兼）主要负责资金管控、会计核算。

主要职责：(1) 负责套期保值业务的结算、资金管控和会计核算制度制定、流程优化以及具体工作实施；(2) 负责从价值风险管理的角度对商品期货套期保值整体内控制度的评估和审核；(3) 参加商品期货套期保值工作例会以及相关推进会；(4) 汇总和制定套期保值报告，并上报套期保值决策委员会；(5) 负责公司及子公司期货业务开户的设立、管理、监督、销户等具体事宜；(6) 履行套期保值决策委员会授权的其他职责。

6. 会计核算岗（兼）主要负责结算和会计处理相关工作。

主要职责：(1) 制定相关结算标准；(2) 负责期货套期保值业务的会计处理工作。

## 八、企业进行套期保值的流程是什么？

套保方案在具体实施过程中，最重要的是企业对套保制度的建立和严格执行（见图 6-2、图 6-3）。此外，在信息交流方面，因为套保方案需要紧盯价格走势以及企业的定价模式，需要企业最新销售数据和采购信息。因此，在具体实施过程中，能否实现按照现货价格或者点价方式采购、销售时能否及时套保，都是套保能否成功的关键因素，需要多部门联合行动执行套期保值策略。

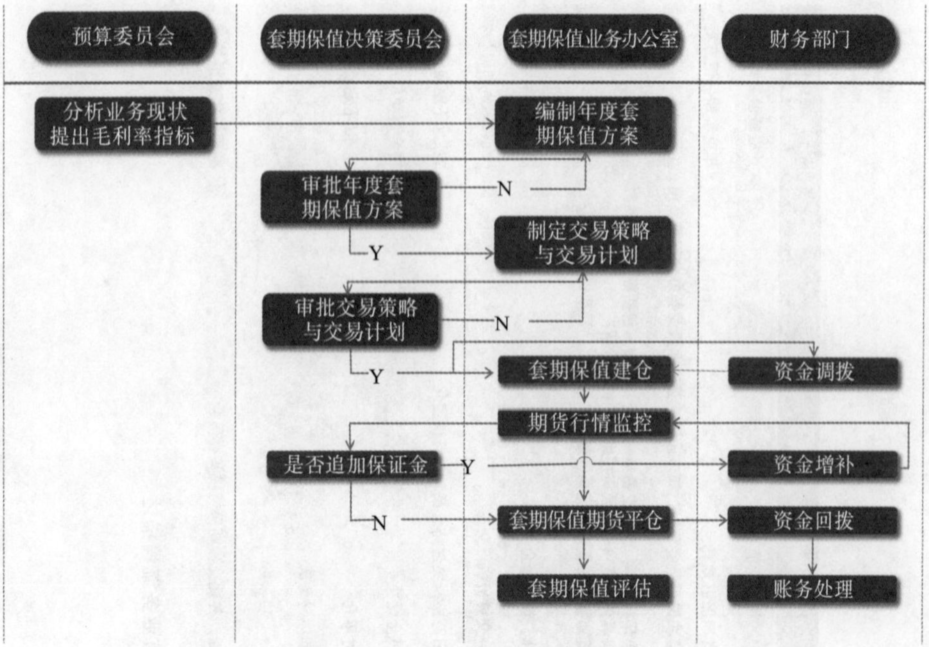


**图 6－2　套期保值业务流程**

资料来源：国泰君安期货研究所。

公司必须制定完善的内控管理流程和制度，主要是针对资金管理、期货交易的风险管理。

第一，明确管理职能。公司应明确由哪个部门管理，由哪个部门负责期货交易。建议由管理层指定的副总主管期货业务，由各现货板块兼职具体的期货交易操作，由期货组负责保值策略的制定和效果分析，指定专门的风控人员监控风险。

第二，制定年度套保方案。每年年初，管理层应根据当年既定的生产经营目标，制定当年总体的套保方案，并在每个月月初进行一定的修正，主要是确定当年或者当月大致的套保数量及利润目标。在制定总体的套保方案时，必须要充分考虑当年或者当季可能会发生的风险因素，以便套保方案能够切实地在最大范围内防范风险，达到套期保值的目的。

第三，制定套期保值效果评估体系。在完成上述人员配置和基础制度建

| 序号 | 流程步骤 | 负责部门 | 流程描述（简要） | 输出结果 |
|---|---|---|---|---|
| 1 | 提出保值目标 | 预算委员会 | 分析下年度市场和业务规划，提出保值目标 | 计提减值目标 |
| 2 | 编制年度套期保值方案 | 套期保值业务办公室 | 根据保值目标，编制年度套期保值方案 | 年度套期保值方案 |
| 3 | 审批年度套期保值方案 | 套期保值决策委员会 | 年度套保方案提交套期保值决策委员会审批，如未通过，套期保值业务办公室重新编制年度套期保值方案 | 会议纪要 |
| 4 | 制订交易策略与交易计划 | 套期保值业务办公室 | 综合企业信息、现货期货市场行情等，确定交易策略和交易计划，包括额度、交易时机、资金增补、止损区间等具体事宜（期货公司提供市场行情分析） | 套期保值交易方案 |
| 5 | 审批交易策略与交易计划 | 套期保值决策委员会 | 结合企业生产和行情判断等审批交易策略与交易计划，如未通过，套期保值业务办公室重新制订交易策略与交易计划 | 会议纪要 |
| 6 | 资金调拨 | 财务部门 | 财务部门向套期保值期货账户调拨资金 | 资金调拨单 |
| 7 | 套期保值建仓 | 套期保值业务办公室 | 根据交易策略和交易计划，交易员执行交易 | 定期/不定期报告 |
| 8 | 期货行情监控 | 套期保值业务办公室 | 完成持仓，由专门人员逐日盯市，关注持仓品种的行情变化 | 定期/不定期报告 |
| 9 | 资金增补 | 财务部门 | 根据期货价格变动，完成资金增补 | 资金调拨单 |
| 10 | 套期保值期货平仓 | 套期保值业务办公室 | 现货点价的同时，期货头寸平仓 | 定期/不定期报告 |
| 11 | 资金回拨 | 财务部门 | 期货平仓，期货账户资金回拨财务部门 | |
| 12 | 账务处理 | 财务部门 | 资金入账 | |
| 13 | 套期保值评估 | 套期保值业务办公室 | 核算期货、现货市场总损益，并提交套期保值决策委员会 | 期现总损益报告 |

图 6－3　套期保值业务流程描述

资料来源：国泰君安期货研究所。

设后，还应制定套保方案的整体评估体系。评估内容应包括每次的套保方案的执行情况、盈亏情况，以及对企业的生产经营的影响情况。评估的目标包括：是否有利于防范企业生产经营中的风险，是否有利于促进企业的生产经营情况，是否对企业的现金流造成影响等，以评估此次套保是否属于有效套保。考核的团队应由管理层和财务人员组成。评估的周期除了当次外，还应该在每月、每季和每年进行评估，同时每次评估之后，应该将总结的经验教训吸收到下次的套期保值方案中。

第四，制定严格的交易流程和风控制度。主要是指制定日常业务管理工作，对套期保值业务进行及时地记录，跟有关方面沟通，以及在发现风险时进行及时的处理。除了制定制度外，最好能够设计一些便于日常沟通和交流的平台或者表格，既便于保密，又便于相关的部门及时了解情况，防范风险。

第五，制定日报、周报、月报、季报和年报报告制度。相关的报告至少要发送至管理层（包括董事长、总经理、相关的副总等）、风控专员、采购部、销售部、财务部等相关人员，报告的内容包括当日现货、期货价格及成交情况，如能包括当日其他原材料及上下游产品的价格情况则更好。日报为每日发送，周报每周一发送，月报、季报、年报为相关月份的第一个工作日发送。

第六，编制期货交易指令书。编制固定格式的期货交易指令书，对每笔期货交易进行详细记录，发送对象同日报发送对象。

套保方案在具体实施过程中，最重要的是企业对套保制度的建立和严格执行。上述套保方案紧盯价格走势，紧盯企业的定价方式，紧盯企业每一步销售和采购。因此，在具体实施过程中，如何实现按照现货价格或者点价方式采购、销售时能及时套保，及时将企业销售部、采购部、期货交易部三部门信息互通成为是否能有效保值最关键的要点。

上述套保方案的设计不考虑企业利用市场机会赚取风险利润，紧紧围绕着保值的角度而设计。上述方案的设计基于对企业的初步了解，在方案具体实施中，还需要对企业具体的采购和销售数量等情况进行细致分析，包括企业采购和销售的具体时间、数量、定价方式、企业库存周转率等。

小贴士

## 套期保值注意事项

（一）风险评价及影响分析

保值成功与否的关键就在于配合锡价走势，对总体风险敞口的计算和控制。在保值过程中，同一时间买进保值和卖出保值划分并不一定是非常清晰的，可能出现企业同时持有买入和卖出保值头寸，这样的情况下，企业对总体风险的计算和控制显得非常重要，需要根据企业的承受能力将总体风险敞口控制在合理范围内。

企业套保部门的风控专员需要承担每日风险敞口计算和评估工作，风险敞口的计算公示如下：

当日风险敞口＝前日风险敞口＋（当日定价的原料采购数量＋当日期货多头保值数量）－（当日定价的销售数量＋当日期货空头保值数量）

（二）价格变动与仓位调整

企业进行套期保值时，必须根据当时的行情走势及时作出调整。期货市场的价格受国家政策、供需、宏观形势等诸多因素的影响，瞬息万变，因此极有可能出现前期的行情判断完全反向的情况。因此，企业首次建仓规模不宜过大。如果后市走势符合之前的预期，则可进一步加仓操作，适当提高套保比例；但如果价格反向运行，则应考虑平仓离场，以避免不必要的损失。待行情稳定，价格重新回归前期方向时再考虑进场。

（三）资金占用

期货市场实行保证金制度，对于现货企业来说，在期货市场上的套期保值需要占用企业的一部分资金。同时，若遇到极端行情时，为了保护套期保值的头寸，必须追加保证金以免套期保值策略失效。企业参与期货市场一定要做好企业财务及资金运作方面的管理，在设计套期保值方案时就要将公司的资金状况考虑其中，防患于未然。

套保资金的占用计算公式如下：

套期保值资金使用量＝(保值头寸总量×商品单价×保证金收取比例)/持仓比例

每个保值计划的开始时，资金占用量最大，之后随着现货的采购或者产品的销售，期货等量保值头寸同时平仓，逐步释放保证金。如果实盘保值，进行买进交割接货的操作，则另外需要交割货物的全额货款，本书公式中没有计算在内，需根据保值过程中交割量和交割结算价来计算。

## 九、锡产业链企业套期保值方案是如何设计的?

企业在面临价格波动风险时，存在两种担忧，一种是担心未来某种商品的价格出现上涨，另一种是担心未来某种商品价格出现下跌。因此，期货市场上的套期保值存在两种基本交易方式，即买入套期保值和卖出套期保值。

买入套期保值又称多头套期保值，是指套期保值者先在期货市场买入与其将在现货市场上买入的现货商品数量相等、交割日期相同或相近的该商品期货合约，持有一定的多头头寸，一段时间后，在现货市场买入现货的同时卖出原先买进的期货合约平仓。

卖出套期保值又称空头套期保值，是指套期保值者先在期货市场卖出与其将在现货市场上卖出的现货商品数量相等、交割日期相同或相近的该商品期货合约，持有空头头寸，一段时间后，在现货市场卖出现货的同时买入原先卖出的期货合约平仓。

二者的区别在于目的不同，买入套期保值是防止一段时间后价格上涨带来的亏损风险，而卖出套期保值是防止日后因价格下跌而带来的亏损风险。因此，二者在适用对象和范围上将有所区别。

此外，同种商品的上下游企业在不同的阶段有着不同的套保策略，以锡产业链来说，分别处于生产端、贸易端和消费端的企业在不同阶段将选择不同方向的套期保值策略。

下面将以具体案例来讲解产业链上下游不同企业的套期保值策略及实施

过程，假设锡上游市场上的某冶炼企业与下游焊接企业签订了一份供销合同，约定100吨锡锭在一个月后按照市场价交易。目前该冶炼企业所面临的主要风险敞口为供销合同作价日至订单交货期间内，市场上锡价出现下行。此时适合该冶炼企业的套期保值策略为，在签订供销合同的同时，在沪锡盘面卖出期货合约进行保值。比如该生产企业在2022年5月20日签订供销合同时，可以同时在沪锡2206合约上卖出相同数量进行保值，后续在锡锭销售时进行期货盘面的平仓。从表6-1中的盈亏情况来看，在该企业面临销售价格下跌风险时，进行卖出套期保值操作可以有效降低实际亏损，将该企业可能面临的最大亏损250万元最终减少至50万元。

**表6-1　　卖出套期保值策略账户变动情况**

| 期货端 | | 现货端 | |
| --- | --- | --- | --- |
| 建仓价格（元/吨） | 260000 | 期初现货价格（元/吨） | 255000 |
| 平仓价格（元/吨） | 240000 | 累计销售均价（元/吨） | 230000 |
| 期货合计盈亏（元/吨） | 20000 | 现货合计盈亏（元/吨） | -25000 |
| 期货端盈利（万元） | 20000×100=200 | 现货端亏损（万元） | -25000×100=-250 |
| 最终盈亏：-50万元 | | | |

资料来源：Wind，国泰君安期货研究。

假设锡下游市场上的某一工业企业需要采购一批锡锭作为原材料。该企业面临的主要风险敞口为销售产品的订单作价日至订单交货周期内，原材料锡锭价格出现上行造成利润被挤占甚至出现亏损。此时适合该工业企业的套期保值策略为，在接到订单时，在沪锡盘面进行买入套期保值。比如，该企业在2021年6月20日接到订单后折合锡锭需要100吨，则可以在沪锡2207合约上进行买入套期保值。当后续实际购买锡锭现货时，在期货盘面上进行平仓。实际操作和最终盈亏情况如表6-2所示，从结果来看，虽然原材料的现货价格出现了上涨，但是通过期货市场买入套期保值的方式获得了正向收益，最终不仅保证了货源的正常采购，还获得了额外的利润50万元。

**表 6－2　　　　　　买入套期保值策略账户变动情况**

| 期货端 | | 现货端 | |
|---|---|---|---|
| 建仓价格（元/吨） | 200000 | 期初现货价格（元/吨） | 198000 |
| 平仓价格（元/吨） | 210000 | 累计销售均价（元/吨） | 203000 |
| 期货合计盈亏（元） | 10000 | 现货合计盈亏（元） | 5000 |
| 期货端盈利（万元） | 10000×100＝100 | 现货端亏损（万元） | －5000×100＝－50 |
| 最终盈亏：50 万元 | | | |

资料来源：Wind，国泰君安期货研究。

综合来看，产业链上下游企业的常见套期保值策略如表 6－3 所示，在企业身处不同地位和面临不同情况时，需要依据自身的情况和风险，采取不同方式的套期保值手段。

**表 6－3　　　　　　产业链上中下游企业的不同套期保值策略选择**

| 企业类型 | | 标的 | 套保策略 | 备注 |
|---|---|---|---|---|
| 生产端 | 锡冶炼企业 | 预售产成品 | 卖出套保 | 针对未来产出的产成品，规避跌价风险 |
| | | 产成品库存 | 卖出套保 | 针对现有产成品库存，规避跌价风险 |
| 贸易端 | 锡贸易商 | 预购商品 | 买入套保 | 预购入但尚未购入，未确定价格的长期协议供货，规避涨价风险 |
| | | 商品库存 | 卖出套保 | 针对现有商品库存，规避跌价风险 |
| 消费端 | 锡下游加工企业、消费企业 | 预购原料 | 买入套保 | 预采购但尚未采购，未确定价格的长期协议供货，规避涨价风险 |
| | | 加工利润 | 双向套保 | 买入原料，卖出产成品，锁定加工利润 |

资料来源：公开资料整理，国泰君安期货研究。

## 十、套期保值结果是如何评估的？

因市场不可预期的政策性因素，导致现货市场的原材料价格波动风险带来期货市场的高风险性，为规避套期保值过程中的风险，须建立套期保值风险评估、监控和管控，具体如下：

（1）公司应合理计划和安排使用保证金，保证套期保值业务正常进行；套保操作团队应合理选择保值月份，避免市场流动性风险。

（2）套保操作团队应严格按照公司不同月份的实际生产能力确定和控制当期的套期保值量，不得超过实际采购能力进行套期保值。

（3）建立风险测算系统，监控资金风险变化情况。

（4）建立内部风险报告制度和风险处理程序。

（5）建立止损机制，期货业务办公室将亏损情况向套期保值决策委员会汇报，套期保值决策委员会组织制定应对方案。

（6）公司审计部门通过日常及专项监督、年度内部控制评价，对风险控制政策和内控的执行情况进行评价和监督，及时识别并报告重大风险。

## 十一、企业进行套期保值有哪些风险？

套期保值是企业为了规避价格波动所采取的措施，但同时也需控制进行中所可能产生的风险。一般来说，企业在开展套期保值业务时所面临的风险大致为内生风险和外生风险两类，内生风险即来源于套期保值本身，如基差风险、流动性风险等，外生风险则是指由于企业误用期货工具而面临的风险，包括管理风险以及投机风险。

### （一）内生风险

1. 基差风险

企业套期保值交易的盈亏主要是由企业在商品期货市场中获得的平仓盈亏与现货市场中获得的盈亏加总构成，也就是由基差来决定的。因此，基差的走势是决定企业能否通过套期保值交易取得盈利的关键，必须高度重视。卖出式套期保值策略是由期货市场的空头与现货市场的库存构成，当基差由弱变强时该套期保值的结果是盈利的，当基差由强变弱时该套期保值就会亏损。买入式套期保值策略是由期货市场的合约多头和现货市场的空头构成，当基差由强变弱时该套期保值的结果是盈利的，当基差由弱变强时该套期保值就会出现亏损。相对于价格风险而言，在正常的市场情况下，基差的波动幅度小于价格的波动幅度，相对比较稳定，原因在于基差通过运算已经剔除了现货市场和期货市场中相同的变动因素，因而基差风险比价格风险更易于管理。

为了避免或者减少因基差异常波动带来的风险，提高套期保值的效果，套期保值者应该重视风险管理并且采取有效策略。首先，套期保值者在设计套期保值策略前要计算现货和期货价格的相关性，选择合适的期现货品种，并认真分析基差的波动规律。其次，在制定套期保值计划时，应设计入场点位、出场点位、套期保值比例以及预设止损点位。最后，在套期保值交易中，企业要选择有利的入场时机，密切跟踪基差变化，及时调整套期保值策略，并在基差出现重大不利变化时能够按照预先设计的止损方案执行，将亏损严格控制在可承受的范围内，坚决避免基差风险带来巨大亏损（见表6－4）。

**表6－4　基差变化对套期保值效果的影响**

| 基差变化情况 | 套期保值种类 | 套期保值效果 |
|---|---|---|
| 基差不变 | 卖期保值、买期保值 | 期现盈亏完全相抵，套保者得到完全保护 |
| 基差走强 | 卖期保值 | 套保者得到完全保护，并获得净盈利 |
| | 买期保值 | 套保者不能被完全保护，存在净亏损 |
| 基差走弱 | 卖期保值 | 套保者不能被完全保护，存在净亏损 |
| | 买期保值 | 套保者得到完全保护，并获得净盈利 |

资料来源：国泰君安期货研究所。

2. 流动性风险

流动性风险主要包括流通量风险和资金量风险。一方面，套期保值开始时需要建立套保头寸，在套期保值结束时需要平仓了结套保头寸。流通量风险就是指所选定的期货合约、无法及时以合理的价格达到建仓或平仓目的的风险。另一方面，资金量风险的存在，是因为在套期保值过程中，期货合约的价格始终处于波动状态，有时市场可能还会朝投资者预期相反的方向运行；保证金比率也可能面临调整，因而对交易保证金的要求也是变化的。当投资者保证金账户的资金余额无法满足交易保证金要求时，其持有的套保头寸可能面临被强行平仓的风险，从而直接导致套保计划失败。

为应对流通量风险，企业应当适时在期货市场进行保值，保值时考虑月份合约的流动性和月份合约间基差，尽量选择流动性好的期货合约，避免因流动性差而提高建仓成本和平仓成本。对远月有需求但远月合约流动性差，基差不合理的考虑利用近月合约保值再滚动移仓方式操作。为削弱资金量风险，企业应保证具有较为充裕的现金流并做好资金管理，以备不时的保证金追加需求。

### （二）外生风险

1. 管理风险

企业在对套期保值业务进行日常运营时存在的潜在风险就是管理运营风险，主要包括决策风险和期货代理风险。决策风险是由于管理层的决策水平和能力有限，使企业制定的套期保值方案存在缺陷。加强决策者的套期保值业务知识和能力可以降低决策风险，提高套期保值效率和效果。期货代理风险是指套期保值企业选择期货经纪公司时产生的代理风险。为防范期货代理风险，企业应当选择诚实有信、专业技术过硬的期货经纪公司。

2. 投机风险

投机和套期保值仅一线之隔，但却有着天壤之别。套期保值的目的在于锁定现货价格，但这就导致企业丧失了获取潜在收益的机会，投机则给了企业赚取巨额利润的期待。正是如此，企业往往被诱导违背套期保值宗旨、忽视套期保值方案，如越权交易、隐瞒头寸、挪用保证金等，一旦市场方向突变、价格波动预测错误就会发生严重亏损。套期保值交易应遵循数量相当原则，即套期保值头寸不能超过同期现货数量。一些企业在套期保值交易时未建立正确的头寸，使套期保值转变为过度投机，造成巨大的损失。因此，企业应当正确看待利用期货市场来进行套期保值的目的，不应逾越雷池。

## 自测题

### 一、选择题

1. (　　) 不是期货套期保值的作用。

A. 运用杠杆在价格波动中投机获利

B. 规避现货价格波动风险

C. 合理安排生产计划

D. 减少资金占用，提高资金使用效率

2. 套期保值实现风险对冲的条件有 (　　)。

A. 期现货头寸相反

B. 期现货头寸价值变动大体相当

C. 期货持有时间与现货风险暴露时间大体相当

D. 以上都是

### 二、判断题

1. 对于生产端企业来说，一方面要面临原材料价格波动的风险，另一方面面临产成品价格波动的风险。(　　)

2. 企业如果在期货市场进行套期保值操作，就锁定了未来的原料和产成品价格，进而锁定远期利润，把现货市场价格波动对企业的影响降至最低。(　　)

3. 当价格影响因素对价格出现下跌作用时，期货市场价格不及现货价格敏感，一般会晚于现货市场转空，跌幅一般小于现货市场。(　　)

4. 套期保值交易在理论层面得以实现正是由于现货价格和期货价格走势完全一致以及临近合约交割现货价格和期货价格都呈现出收敛。(　　)

### 三、填空题

1. 沪锡期货合约的保证金一般为________。

2. 套期保值涉及两个市场：________、________。

3. 临近交割月现货价格和期货价格具有________。

## 参考答案

### 一、选择题

1. A　　2. D

### 二、判断题

1. √　　2. √　　3. ×　　4. ×

### 三、填空题

1. 14%　　2. 现货市场；期货市场　　3. 收敛性

# 第七章

# 锡期货的投机交易

本章要点

本章主要介绍了期货投机的概念，期货投机是指在期货市场上以获取价差收益为目的的期货交易行为。结合锡期货品种的特性，介绍期货投机的作用、投机交易者的分类、期货投机交易的准备工作。同时，着重介绍了期货投机的建仓、期货投机的平仓、期货投机的止损策略等。随后较为详细地介绍了，如何进行锡期货的投机和建立交易系统，并介绍了期货投机交易成功的条件和成功交易者具备的特征和个性。

## 一、什么是期货投机策略？

### （一）期货投机的定义

期货投机是指在期货市场上以获取价差收益为目的的期货交易行为。期货投机者根据自己对期货价格走势的判断，作出买入和卖出期货品种的决定。如果期货投机者的判断和期货市场价格走势相同，投机者平仓后可以获得投机利润；如果期货投机者的判断和期货市场价格走势相反，投机者平仓将出现投机损失。期货投机者一般以平仓了结持有的期货合约，而不会等到期货合约到期进行实物交割。期货投机实行保证金杠杆交易、双向交易、当日无负债结算和强行平仓等特殊的交易制度，因此期货投机具有高风险、高收益的特征。

### （二）期货投机与套期保值的区别

1. 从交易目的来看，期货投机交易是以赚取价差收益为目的；而套期保值交易的目的是利用期货市场规避现货价格波动的风险。

2. 从交易方式来看，期货投机交易是在期货市场上进行买空卖空从而获得价差收益，根据自己资金量、资金占用率、心理承受能力和对趋势的判断来进行交易。套期保值交易则是在现货市场与期货市场上同时操作，以期达到对冲现货市场价格风险的目的。套保者的头寸需要根据现货头寸来制定，套保头寸与现货头寸操作方向相反，种类和数量相同或相似。

3. 从交易风险来看，投机者在交易中通常是为博取价差收益而承担相应的价格风险，相对风险较大。套期保值者则是通过期货市场转移现货市场价格风险，相对风险较小。我们可以认为，投机者是风险偏好者，套期保值者是风险厌恶者。

弄清期货投机与套期保值的区别具有重要的意义。一是有利于我们制定和完善期货交易、交割等相关规则。理论来源于实践又指导着实践，若理论认识与规则制定上出现偏差，会给期货市场的平稳运行带来隐患。二是有利于企业制定正确的套期保值方案。正确理解套保、投机等期货市场基本知识，是发挥期市功能的重要前提。

## 二、期货投机的作用有哪些？

投机者在期货交易中发挥着至关重要的作用，不仅承担形成合理的价格水平、提高市场流动性和保持价格体系稳定等作用，而且最重要的是，投机者能吸收套期保值者厌恶的风险，成为价格风险承担者。期货投机交易有利于期货交易的顺利进行和期货市场的正常运转。

### （一）期货投机承担价格风险

期货市场的主要经济功能是为生产、加工和经营者提供现货价格风险的转移工具。期货投机者在博取风险收益的同时，承担了相应的价格风险，使套期保值者能够有效规避现货价格波动风险，也使其现货经营平稳运行。如果期货市场上只有套期保值者，没有这些风险承担者参与交易，那么只有在买入套期保值者和卖出套期保值者的交易数量完全相符时，交易才能实现，风险才能得以转移。但从实际来看，买入套期保值者和卖出套期保值者之间的不平衡是经常发生的现象，期货投机者的加入恰好能抵消这种不平衡，从而使套期保值交易得以顺利实现。由此可见，如果没有投机者的加入，套期保值交易活动就难以进行，期货市场风险规避的功能也就难以发挥。正是期货投机者承担了期货价格风险，才使套期保值者能够有效规避现货价格波动的风险，也使其现货经营平稳运行。

### （二）促进价格发现

期货市场汇集了几乎所有关于期货合约商品的供求信息。期货投机者的交易目的不是实物交割，而是利用价格波动获取价差利润，要求投机者必须利用各种手段收集整理有关价格变动的信息，分析市场行情。同时，期货市场把投机者的不同交易指令集中在交易所内进行公开竞价，买卖双方彼此竞价所产生的互动作用使价格趋于合理。期货市场的价格发现功能正是由所有市场参与者对未来市场价格走向预测的综合反映体现的。交易所每天向全世界发布市场交易行情和信息，使那些置身于期货市场之外的企业也能充分利用期货价格作为其制定经营战略的重要参考依据。

**（三）减缓价格波动**

适度的投机能够减缓期货市场的价格波动。投机者进行期货交易，力图通过对未来价格的正确判断和预测赚取价差利润。当期货市场供大于求时，市场价格低于均衡价格，投机者低价买进期货合约，从而增加市场需求，使期货价格上涨，供求重新趋于平衡；当期货市场供不应求时，市场价格则高于均衡价格，投机者会高价卖出期货合约，从而增加市场供给，使期货价格下跌，也能使供求重新趋于平衡。可见，期货投机对于缩小期货价格波动幅度发挥了很大作用。

当然，减缓价格波动作用的实现是有前提的：一是投机者要理性化操作。违背期货市场运作规律进行操作的投机者最终会出现巨大亏损而被市场淘汰。二是适度投机。操纵市场等过度投机行为不仅不能减缓价格波动，还会人为拉大供求缺口，破坏供求关系，加剧价格波动，加大市场风险。

**（四）提高市场流动性**

期货投机有利于促进市场的流动性，保障期货市场价格发现功能的实现。期货投机交易在期货交易所内以公开竞价的方式进行，期货交易的透明度较高，买卖双方彼此竞价所产生的互动作用使价格趋于合理。

在流动性较高的市场上，交易者众多，交易也较为活跃。反之，如果市场流动性较低，则交易较为清淡。可以说，期货交易是否成功，在很大程度上取决于市场流动性的大小，而流动性又取决于投机者的多寡和交易频率。期货市场上的投机者，就像润滑剂一样，为套期保值者提供了更多的交易机会，投机者通过对价格的不同预测，有人看涨，有人看跌，交投积极，这实际上扩大了交易量，使套期保值者无论是买进还是卖出都能很容易地找到交易对手，自由地进出期货市场，从而在客观上提高了市场的流动性。

## 三、投机交易者是如何分类的?

### (一) 按照交易量大小分类

交易量是某特定时段内证券或合约成交数量的统称。交易量是一个重要的指标。在市场没有大题目所做时，交易量基本是一个随机函数，与价格无关。

投机者是指在金融市场上通过“买空卖空”“卖空买空”，希望以较小的资金来博取利润的投资者。按照交易量大小，可分为大投机者和中小投机者。对大、中、小投机者的界定，一般是根据其交易量的大小和拥有资金的多少。这又和所参与交易的市场规模有关。尚未有绝对的量化标准。

### (二) 按照交易部位分类

交易部位是可供买卖期货合约的最初市场状况，指期货合约的买方处于多头（买空）部位，期货合约的卖方处于空头（卖空）部位。交易所对交易者就某一商品持有的最大空头或多头部位合约数量有明确规定，当交易者持有的合约数量达到或超过规定数量时，交易者必须逐日向交易所报告，这称为交易部位限制。

按照交易部位区分，可分为多头投机者和空头投机者。多头又称买空，它是指交易者预期未来期货市场价格将上涨，以一定的价格买进一定数量的合约，待一段时期价格上涨后，再以较高价格对冲掉所持合约的部位，从而可以赚取利润。这种方式属于先买后卖的交易行为。空头又称卖空，它是指交易者预期未来期货市场的价格将下跌，即按市场价格卖出一定数量的期货或期权合约，待价格下跌后再补进以结束自己所处的地位，从而在高价卖出低价买进之间获得差价利润。这种是先卖后买的交易方式，正好与多头相反。因此，在交易中，投机者根据对未来价格变动的预测来确定其交易头寸。买进期货合约的投机者，拥有多头头寸，被称为多头投机者。卖出期货合约者，持有空头头寸，被称为空头投机者。

### （三）按照投机者持有合约时间的长短分类

趋势交易者通常持有合约数日或数周、数月以上，待价格变化有利时，再将合约平仓。当日交易和“抢帽子”交易都是短线交易。

按照投机者持有合约时间的长短，可分为趋势交易者、当日交易者、“抢帽子”者。趋势交易者通常将合约持有几天、几周甚至几个月，待价格变至对其有利时再将合约对冲。短线交易者一般是当天下单，在一日或几日内了结。当日交易者，一般只进行当日或某一交易节的买卖，很少将持有的头寸拖到第二天，一般为交易所的自营会员。“抢帽子”者又称逐小利者，是利用微小的价格波动来赚取微小利润，他们频繁进出，但交易量很大，希望以大量微利头寸来赚取利润。

## 四、期货投机交易的准备工作有哪些？

### （一）了解和熟悉期货合约

在决定买卖期货合约之前，应对其交易品种、交割制度等进行充分的了解。期货市场交易的期货合约，其标的物的数量、质量等级和交割等级及替代品升贴水标准、交割地点、交割月份等条款都是标准化的，使期货合约具有普遍性特征。在此基础上，再针对期货合约未来的价格走势作全面和谨慎的研究分析，决定买入期货合约的品种、月份和数量。

对期货合约未来价格走势的分析主要有基本面分析和技术分析。期货投资基本面分析主要是从期货品种供求关系的角度解释和预测期货价格的变化。期货价格是根据商品供求情况在交易所通过公开竞价形成的。作为期货市场的核心经济机制，一个规范成熟的期货市场价格可以较好地反映现货市场的供求趋势，达到提前发现未来现货市场的均衡价格，从而对现货生产、交换与消费起到事前调节的作用。相反，不成熟的期货市场价格可能完全背离现货基础，成为被市场资金力量炒作对象，产生恶劣的影响。

基本面分析没有固定的模式，主要有经验法、产业链分析法、平衡表法、图表法、回归分析法、经济计量模型法、季节性分析法、分类排序法、指数模型法等，期货投资者可以根据数据可获得性和研究能力选择不同的基本面分析方法。

技术分析法是通过对市场行为本身的分析来预测价格的变动方向，即主要是对期货市场的日常交易状况，包括价格、交易量与持仓量等数据按照时间顺序绘制成图形、图表，或者形成一定的指标系统，然后针对这些图形、图表或指标系统进行分析研究，以预测期货价格未来走势的方法。技术分析方法因简单易于学习，是大多投机者偏爱的分析方法，但是深刻理解技术分析的精髓，以及选择适合投机者本身的方法，依然需要系统和专业的学习。

### （二）制订交易计划

交易计划是指交易者为完成一定时间内的交易目标，所制定的措施、方法和步骤。交易计划通常就是把个人的交易方法、资金运用、风险控制情况和出市原则结合起来。交易计划不一定是书面的，但是为更好地遵守交易计划，也为方便交易结束后对整个交易进行评估，建议交易者采用书面形式。交易计划要对未来作出预见，在制订计划前，必须对各种可能出现的情况有清醒的认识，对交易的目标、措施、方法有一个正确的设想。同时，计划要有程序性，在制订交易计划中，先做什么，后做什么，要有周密的时间安排与要求。

### （三）确定止损止盈位置

一般情况下，交易者应根据自己对盈亏的态度来设定可接受的最低获利水平和最大亏损限度。投资者应该比较风险与收益比值，在决定是否买多或卖空期货合约的时候，事先为自己确定一个最低获利目标和所期望承受的最大亏损限度，作好交易前的心理准备。

锡期货价格波动较大，投资者总结出很多交易规律，如“控制仓位，严格止损”。严格止损，是期货交易的生命线，是所有期货交易者务必重视的环节。止损是止错，防止亏损扩大，要把损失控制在自己能够承受的范围之内，而不能放任亏损持续扩大。举例而言，当锡的头寸放任亏损20%，后期需要盈利25%才能够弥补之前的亏损。不能严格止损会让投资者失去再翻身的机会，更严重的是会打击投资者的信心，破坏投资者的心态。恢复信心和重建心态是一个漫长的过程，意志力薄弱的人很可能就此一蹶不振。

**（四）确定投入的资金和仓位**

期货投资的风险较大，建议使用可控制的现金进行交易，不建议借钱进行投资，期货投资风险主要有三个方面。

第一，借钱的周期和投资的周期不匹配，如果还钱时投资依然亏损，会使投资雪上加霜。第二，借钱的成本有可能较高，期货投资收益覆盖不了借钱成本，会陷入困境。第三，增加投资者心理压力，投资者有可能急于赚钱，反而不利于放松交易。

总之，期货投资要做好仓位控制，期货杠杆交易会把风险和收益同时放大，操作中资金管理尤为重要。资金管理的重要性不亚于对趋势的判断，有很多时候我们判断对了后市行情走势，结果是亏钱的，就是因为资金管理出现了问题。仓位控制有个原则，如仓位不宜过重、加仓时绝不犹豫、不在亏损时加仓等。期货投资者需要在交易中不断摸索锡期货品种的特性，寻找最优的开仓和加仓仓位的方法。

**小贴士**

**凯利公式确定仓位方法**

在概率论中，凯利公式（也称“凯利方程式”）是一个在期望净收益为正的独立重复赌局中，使本金的长期增长率最大化的投注策略。该公式于1956年由约翰·拉里·凯利（John Larry Kelly）在《贝尔系统技术期刊》中发表，可以用来计算每次游戏中应投注的资金比例。若赌局的期望净收益为零或为负，凯利公式给出的结论是不赌为赢。

凯利公式的作用在于帮助投资者选择合适的仓位进行交易，是一种非常科学的投机性交易仓位控制法。公式为：

$F=(bp-q)/b$

其中，F为现有资金应进行下次投注的比例；b为投注可得的赔率；p为获胜率；q为落败率，即1－p。举例而言，若投机有40%的获胜率（p＝0.4，q＝0.6），而投机者在赢得赌局时可获得二对一的赔率（b＝2），则投机者应在每次机会中下注现有资金的10%，以最大化资金的长期增长率。

## 五、趋势策略和震荡策略应如何选择？

投资者在进行交易时要确定交易策略，常见的交易策略包括震荡交易策略和趋势跟踪交易策略。执行震荡交易策略的投资者认为，期货市场大部分时间是没有趋势的，期货价格波动区间是有限的，且处于区间内波动。由形态理论、K线组合理论可知，盘整状态的特征表现为价格在一定幅度内上下震荡，从时间上也可将其分为：短期盘整、中期盘整、长期盘整。盘整形态经常从价格的大幅震荡，逐渐过渡到小幅波动。盘整状态只是暂时的，可能是上涨或下降途中的休息，也可能是一轮行情反转前的准备。震荡交易策略的交易手法是高位卖、低位买，以实现利润的最大化。这种模式的优点是入场条件清晰，以压力位和支撑位置作为参考，交易机会多，容易实现利润；缺点是亏损时容易出现扛单，利润有限风险无限，且可能丢失大趋势获利的机会。

趋势跟踪交易策略的投资者认为趋势是交易获利的源泉，只有让利润充分增长，才能抵挡价格不利行情带来的亏损。该类型投资者认为价格变动是有趋势的，且趋势一旦形成就很难改变，这是能够坚持进行趋势交易的最根本前提。这种策略以跟踪大势进行交易，如交易基本面的大矛盾，技术上使用周度或者月度的均线模型或者 MACD 模型等。这类交易的优点是在趋势来临后，顺势交易可以不断加仓，让盈利充分增长。但是，缺点也十分明显，趋势交易的胜率太低，为了捕获一次比较大的趋势，趋势跟踪策略要求交易者不能太早了结获利头寸。市场并不是每次都会出现比较大的走势，更多的还是震荡区间，甚至反转。如此低的胜率让不坚定的交易者很难坚持，执行起来非常困难。有可能在趋势尚未来临时，投资者由于反复止损而出局。历史上著名的海龟交易法则是趋势跟踪策略的主要思想之一，投资者可以借鉴和参考。

就锡期货来说，最近三年价格波动较大，大级别的趋势和小级别的趋势接踵而至，投资者多采取趋势跟踪交易策略。

小贴士

**海龟交易法则**

海龟交易法则诞生于现代期货交易史上的一场辩论：优秀的交易员是天生的还是后天培养的？1983 年，著名的传奇交易员理查德·丹尼斯和好友比尔·埃克哈特为了证明各自的观点，做了一项实验：精心挑选 13 名学员，培训后为他们提供 50 万～200 万美元作为交易资金。

随后的四年中，这些学员取得了年均复利 80% 的收益。交易员之所以被称为海龟，是因为理查德·丹尼斯认为，要像新加坡人养海龟那样对交易员进行交易培训。理查德·丹尼斯通过这场著名的实验证明了自己的观点：伟大的交易员是可以后天培养的。

海龟交易法则是趋势跟踪策略的主要思想之一，会就市场选择头寸规模、入市、止损、退出和战略等方面严格遵循特定的规则。

1. 市场。流动性最高的市场，是“海龟们”的首选标准。流动性小的期货市场，大额交易会导致市场剧烈震荡，容易造成很大损失，导致很难退出该市场。

2. 头寸规模。“海龟们”的头寸规模算法，会根据市场的绝对波动幅度来调整头寸和规模，让市场波动性和头寸规模相互抵消。其原理是，如果一个市场的合约价值波动性较强，那么这个市场中的合约持有量就可以少一些，反之亦然。头寸规模要点在于增强了风险分散化的效果，并通过提高成功交易的概率来提高盈利水平。

3. 入市。海龟入市策略遵循以20日突破为基础的短期系统和以50日突破为基础的长期系统。

以20日突破为基础的短期系统：只要价格超过20日最高/最低点1个最小单位，“海龟们”会入市，买入/卖出1单位头寸。

以50日突破为基础的长期系统：只要价格超过50日最高/最低点1个最小单位，“海龟们”会入市，买入/卖出1单位头寸。

4. 止损。在入市前，“海龟们”会提前设置止损点，止损标准根据头寸风险来设定，即任何一笔交易的风险程度都不得超过头寸的2%。

1N的价格变动代表着账户净值的1%，在2%的风险限制下，价格变动的上限就是2N。“海龟们”止损标准就是2N：对多头头寸来说，止损价比入市价低2N；对空头头寸来说，止损价比入市价高2N（N为真实波动幅度的20日指数平均值）。

海龟交易的止损策略优势在于，止损点以N为基础，与波动性息息相关，在更具波动性的市场上，风险分散效果得到加强，风险管理更稳健。

5. 退出。海龟退出策略采用10日突破退出法则和20日退出法则。

10日突破退出法则：多头/空头头寸在价格跌破/上涨超过过去10日最低点/最高点时退出。即，如果价格发生了不利于头寸的10日突破，所有头寸单位都要退出。同理，如果价格发生了不利于头寸的20日突破，所有头寸单位都要退出。

## 六、期货投机建仓策略是怎样的?

期货投资者在确定入市之前，要对交易品种有良好的把控。首先，可以通过基本分析法，研究市场是否有趋势，是处于牛市还是熊市。如果是牛市，还可分析升势有多大，持续时间有多长；如果是熊市，可分析跌势有多大，持续时间有多长。其次，权衡风险和获利前景。只有在判断获利的概率较大时，才能入市。投机者在入市时，要充分考虑自身承担风险的能力。最后，确定入市的具体时间。因为期货价格变化很快，入市时间的确定尤其重要。即使对市场发展趋势的分析准确无误，如果入市时间不当，在预测趋势尚未出现时就已经买卖合约，会使投机者蒙受惨重损失。

投机者通过基本分析，认为从长期来看期货价格将上涨（下跌），如果当时的市场行情却持续下滑（上升），这时可能是投机者的分析出现了偏差，过高地估计了某些供求因素，也可能是一些短期因素对行情具有决定性的影响，使价格变动方向与长期趋势出现了暂时的背离。建仓时应该注意，只有在市场趋势已明确上涨时，才买入期货合约；在市场趋势已明确下跌时，才卖出期货合约。如果趋势不明朗或不能判定市场发展趋势，就不要匆忙建仓。

技术分析法对选择入市时间有重要的作用。期货交易入市点和出市点的时机抉择必须极为精确，才能避免建仓后出现较大的回撤。在趋势线起支撑或阻力作用时，可以作为入市点。在主要的上升趋势线的上侧买入，在主要的下降趋势线的下侧卖出，都是有效的交易策略。在选择出、入市时机方面，支撑和阻力水平也是最行之有效的工具。当阻力位被突破时，构成开立新的多头的信号，而保护性止损指令就可以设置在最近的支撑点的下方。如果在下降趋势中市场上冲到阻力水平，或者上升趋势中价格下跌到支撑水平，都可以开立新的头寸。在设置止损指令时，支撑和阻力水平也是最有参考价值的。

通过基本面和技术分析明确了买卖期货的思路，接下来就要进行建仓的操作。常见的建仓操作主要有三种。

### （一）金字塔式买入卖出

如果建仓后市场行情与预料相同并已经使投机者获利，则可以增加持仓。增仓应遵循以下两个原则：

第一，只有在现有持仓已经盈利的情况下，才能增仓。

第二，持仓的增加应渐次递减。

采取金字塔式买入合约时持仓的平均价虽然有所上升，但升幅远小于合约市场价格的升幅，市场价格回落时，持仓不至于受到严重威胁，投机者可以有充足的时间卖出合约并取得相当的利润。金字塔式卖出的做法可以依此类推。

### （二）平均买低和平均卖高策略

如果初始建仓后市场行情与预料的相反，有的交易者喜欢采用平均买低或平均卖高的策略。平均买低是指初始建仓买入合约后，价格有所下降则进一步买入合约，以求降低平均买入价，一旦价格反弹可在较高价格上卖出止亏盈利。平均卖高是指初始建仓卖出合约后，价格有所上升则进一步卖出合约，以提高平均卖出价格，一旦价格回落可以在较低价格上买入止亏盈利，这就是平均卖高。

投机者在采取平均买低或平均卖高的策略时，必须以对市场大势的看法不变为前提。在预计价格将上升时，价格可以下跌，但最终仍会上升。在预测价格即将下跌时，价格可以上升，但必须是短期的，最终仍要下跌。否则这种做法只会增加损失。

### （三）菱形建仓交易策略

有的交易者喜欢采用菱形建仓交易策略，该建仓策略实际上是金字塔式建仓策略的变形。它是指最初建仓时买卖少量合约，如果市况有利，分次买入或卖出同种合约，每次买入或卖出的合约份数均大于前次买卖的数量。在所持有的持仓达到一定数量后，分次逐步递减买卖合约。

菱形建仓交易策略在一开始实际上是倒金字塔式建仓，其缺陷在于一旦建仓过程中价格回落，利润回吐会非常快，但优点是一开始下单量试探，即使错了，损失也不大。另外，如果价格上升至金字塔的上方，安全性会越来越高。

## 七、期货投机平仓策略是怎样的?

部分投机者经过学习基本面和技术面之后，对锡期货交易有了独到的见解。但是，实际交易的业绩却不尽如人意，往往平仓时机把握不好，要么过早平仓出局出现亏损，或者失去该赚的利润；要么过晚平仓，导致利润回吐，或者出现亏损。

通过参考资料和对成功的平仓策略进行总结，得出以下四种平仓策略。

### (一) 止损平仓

投资者在有一定的盈利时提止损保护成本，然后随着行情的发展根据技术图形提前止损，直至止损被打掉。举例而言，假设投资者持有锡的多单，当锡价冲过后的第二天，锡价没有再创新高，而出现2%的回撤后止损。

### (二) 次顶平仓

当投资者观察到价格无力再创新高，有回落迹象时即平仓。此平仓方法是止损平仓法的改良升级版，可以在最大限度上把握应有的利润。

### (三) 支阻平仓

当价格到达或即将到达下一个支阻位就平仓，投资者不必等待冲击结果。此方法适用于震荡行情或者捞回调抢反弹。碰到趋势性行情，支撑和阻力大多是无效的，会和巨额利润失之交臂。

### （四）目标平仓

投资者把每一次下单都当成一个高胜算的赌局，下单同时设好止损和止盈，止盈目标起码是止损的3倍，同时按照固定损失金额调整持有的期货头寸。假设盈亏比为3∶1，做单成功率只要达到25%，即可达到盈亏平衡点。如果成功率超过25%，期货头寸可以持有，但如果成功率低于25%，期货头寸可以平仓。

## 八、期货投机止损策略有哪些？

止损是保护投资者资本的最有效方式。无论如何强调止损的重要性，都不为过。《华尔街家训十二条》中的第一条就是止损。当期货价格波动朝着不利的方向变动时，投资者应该平仓手里的不利头寸，以达到保护资金的目的。但是，需要指出的是，止损是讲究科学和有纪律的，不能随意地止损，更应该尽可能减少“不必要”的止损。毕竟，止损将导致资金的损失。在实际交易中，科学的止损主要分为以下四种方法。

### （一）固定止损法

在买进期货品种的同时，预先设置止损位置。比如锡期货日内可以设置3个点或者5个点止损等，一旦价格向不利于自己的方向发展，到达了该止损点位，则立即离场。

### （二）移动和保本止损法

当行情走势向着有利于自己的方向发展时，止损价格会自动跟随价格变动而变动。保本止损是锁定利润的前提下，去博取计划以外的利润。移动和保本止损法与期货投机平仓策略中的止损平仓有相似之处。

### （三）趋势止损法（技术止损）

趋势止损是在交易中，以趋势线或者均线作为参考，观察价格运行轨迹，一旦有效突破或者跌破，则立即离场。同时，可以根据技术分析中重要的支撑位和阻力位确定止损点，如价格跌破支撑位置则多头需要止损，价格突破阻力位时空头则需要止损。

### （四）时间止损法

时间止损是对持有周期的设定，比如1天、1周等，如果买入后，价格没有达到预期效果，同时也没有达到设定的止损点，则也立即离场，避免短期投资演变成长期投资，形成长期套牢造成时间成本的浪费。时间止损背后的逻辑是，当投资者基于基本面和技术分析，得到期货价格上涨或下跌的判断后，而进行买入或者卖出操作。但是期货价格迟迟没有变化，这就表明对价格的预判有可能是错误的，需要对头寸进行止损操作，以防止价格不利变化带来的损失。

## 九、期货投机的资金管理方法有哪些？

期货资金管理是期货投资必须掌握的一门技能，是投资者建立期货投资理念和期货投资原则之后，需要获取的实践操作技能。资金管理是指资金的配置问题，谋求在期货交易上能够更好地计划、利用、控制资金，达到规避风险、获取利润的目的。期货投资的资金管理包括资金账户总体风险的测算，投资组合的设计和搭配，在各个市场投资应分配的资金数量和资金比例，每笔交易的资金配置，投资风险报酬比的权衡，止损点的设计，在经历了成功阶段或挫折阶段之后分别采取何种措施，以及选择保守稳健的交易方式还是采取积极进取的交易方式等。在资金管理方面，投资者总结了多个法则，可以作为锡期货投机中资金管理的参考。

1. 交易的规模一定要限制在能够承受的范围之内。通常每笔交易投入的资金，不能超过资本总额的10%，最好控制在5%。总投资额应限制在合理的范围之内，一般不超过资本总额的50%，最好控制在25%。假设一笔交易的盈亏比为2:1，获利概率为50%，则根据凯利公式计算的持仓比例为25%。

2. 任何交易均严格设定止损。亏损的头寸要及时砍掉止损，盈利的部分要尽可能地扩大战果。

3. 每次交易的盈亏比至少应该是3:1，盈亏比设定较高可以弥补对价格判断的不足。假如设定锡期货交易最大的亏损是1%，则收益率至少要设定为3%。

4. 适当地保护利润。当获得利润的时候，适当保护利润能够使投资者获得稳定的心态，也是长期利润的重要保证。当投资者盈利的时候，适当提高止损点，一方面可以通过持仓追求更高利润；另一方面，也为投资者的稳定利润提供保证。

良好的资金管理是保持稳定的交易心态的基础。持有大量持仓的投资者就像肩上压着重担的行人，稍有障碍就足以令其摔倒。根本的原因在于投资者的持仓已成为一种负担，已经超出了承受能力。所以，严格止损，保持良好的交易心态，是交易获利的关键。

## 十、如何进行锡期货投机？

### （一）锡的基本面研究

从自上而下的角度来看，锡价的波动与宏观面的变化密不可分。锡是重要的有色金属品种，其终端消费广泛分布在电子、食品、汽车、医药、纺织、建筑、工艺品制造等多个行业。全球主要的锡消费国也多是经济增长较快的国家如中国，以及经济发达地区如欧洲、美国、日本等。因此锡的消费与经济的发展高度相关。当一个国家或地区经济快速发展时，锡消费也会出现同步增长。同样，经济出现衰退或金融风险爆发时，也会导致锡在一些行业中的消费下降，进而引起锡价的波动。

基于微观经济学理论，锡出现供大于求时，其价格下跌，反之则上扬。同时价格反过来又会影响供求，即当价格上涨时，供应会相应增加而需求减少；反之，则有可能出现需求上升而供给减少，因此价格和供求互相影响。投资者往往用库存的增减来表征供需的孰强孰弱。

同时，国内外产业政策也是影响锡价的一个重要因素，如进出口政策、锡行业准入条件、指令性生产计划、资源税等，特别是在进出口政策方面，历史上锡价受其影响较大。

在对锡价的判断上，首先需要建立锡的研究框架。根据研究框架，2023年需求主导逻辑将延续，对于以半导体周期为核心的下游需求来说，以先弱后强的形式呈现，周期景气度拐点反转于2023年第四季度，配合全年锡价供应释放较为有限，锡价于底部震荡后将迎来趋势性反弹的机会。2023年全年重心较2022年底小幅上移，将上移至24万元/吨附近。

### （二）锡的技术分析

从技术分析的角度看，2022年4月以来锡价的回调完全符合技术的走势，可从以下方面进行分析：

1. 锡价下降动力放缓，回落的趋势已经发生了改变。锡价在152120元/吨附近出现明显反弹，且反弹的幅度较大，改变了此前的下行趋势。

2. 以2020年3月至2022年4月涨幅作为基础，锡价指数先回调至0.809的位置，随后反弹至0.618的位置。锡价指数已经多次上冲0.618的位置，但是该位置压力较重。预计锡价在该位置的压力下将有所调整，后期依然有可能再次测试该位置（见图7-1）。

基于基本面和技术的判断，价格反弹向上的概率较大，后期可以作为投机多头交易品种。

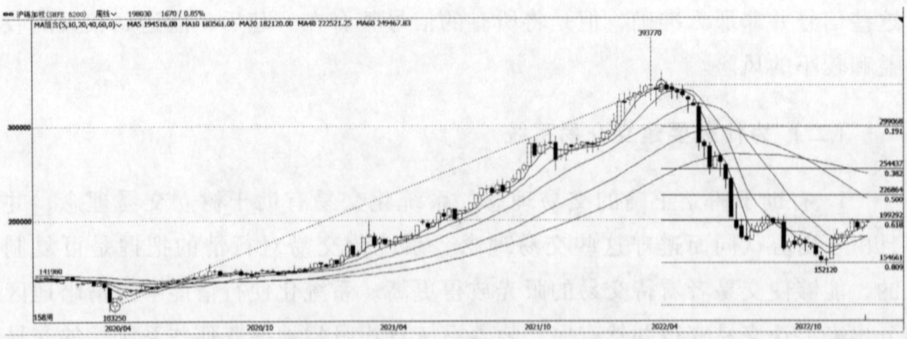


**图 7－1　锡的技术分析**

资料来源：国泰君安期货研究所。

## 十一、如何建立交易系统？

### （一）什么是交易系统

系统是指将零散的东西进行有序的整理、编排形成的具有整体性的整体。在自然界和人类社会中，可以说任何事物都是以系统的形式存在的。血液循环系统是指把血液送到人或动物全身的血管系统和心脏；运输系统是指运送货物的人员、机器、组织机构以及公路、铁路、水路和航空线路；武器系统是指武器和相关设备、武器和设备的使用方法与使用武器及设备的人员。

交易系统是系统交易思维的物化，是投资者为交易过程制定的全套交易规则。一笔完整的交易，可能涉及买什么品种、什么时候买、买多少、什么时候加仓或减仓、什么时候清仓离场等步骤，为每个步骤设定一个规则，然后将这些规则整合起来，便形成了一个交易系统。

成功的期货投资者拥有能持续盈利的系统，并且持之以恒地执行。交易系统的核心是信号，依据什么样的信号下单、平仓、加仓、止损、止盈等。

这些信号并非那么准确，但是将所有的信号整合在一起后，能达到较大的收益和较小的风险。

### （二）为什么要建立交易系统

1. 有助于树立正确的交易理念。系统化交易有助于树立交易理念，并且由于内心认同而遵守这些交易理念。系统化交易对行情的把握是可复制的，能够使交易者看待交易的眼光放得更高。系统化使行情能够被清晰地区分出来，让交易变得井然有序。随着系统日积月累地捕获那些系统性的交易信号，最终交易者会拼出稳定复利增长的资金曲线。

2. 有助于正确地分析市场。交易者有了交易系统之后，看行情的心态和眼光都会变得不一样，不会再随着股价的波动而产生太大的情绪起伏，能够更加客观地观察市场波动规律。系统交易者不会执着于市场的非理性交易，只需要从容不迫地执行自己的交易系统。

3. 有助于控制风险。交易系统之所以能控制风险，关键在于其控制风险的有关参数。交易者根据历史数据可以事先计算出合理的止损、止盈幅度以及仓位大小等系统参数。事实证明，不使用交易系统或是不能有效执行交易系统的交易者，是很难准确而系统地控制风险的。

4. 有助于扩大盈利。交易者在操作时只需依照既定的交易系统执行即可，这样的交易过程尽可能地避免了情绪的干扰，也不会产生较大的心理压力。用系统性的眼光来看待交易，能让投资者更容易保持执行的一致性。只有连续地使用同一系统，概率才能发挥作用，才有可能扩大盈利。

5. 有助于交易知识和经验的积累。把交易规则系统化，有助于交易者将市场经验和知识进行积累、整合和修正。在形成稳定的交易系统之前，每一次系统的升级都是交易思维的升级。经过日积月累的打磨，有助于提高对市场的认识和积累经验。

### （三）建立交易系统

一个简单的交易系统至少包括四个部分，分别是方向判断、时机选择、资金管理和心理控制。

1. 方向判断决定了是买还是卖的问题。价格的变化主要有三种，分别是上涨、下跌和横盘。对价格预判主要使用基本面分析和技术分析。基本面分析主要通过对产业链的研究，寻找产业链上的矛盾，进而找到对应的指标进行交易。基本面上重要的指标分别是库存、基差、利润等。技术分析也需要寻找重要的指标，并按照一定的原则进行交易。技术分析门派众多，需要选择投资者比较熟悉的分析方法。

2. 时机选择是指选择建仓下单交易的入市时机。期货价格变化很快，入市时机的决定非常重要。即使对市场发展趋势的分析正确无误，但入市的时机没有选择好，在趋势尚未出现时已买卖合约，或者没有等到震荡区间的上下沿的价格出现时便介入，仍有蒙受价格波动带来损失的可能。

入场点的选择一般可以采取两种方法，一是利用基本面的矛盾入场交易，当基本面的矛盾变得非常突出，而价格还没有作出反应时，可以入场交易；二是借助技术分析方法，在市场趋势已经明确上涨时才买入期货合约，在市场趋势已经明确下跌时才卖出期货合约。如买入原则，可以根据市场趋势判断，在简单上升趋势中买入；以移动平均线判断，短线交易在 5 日均线上穿 10 日和 30 日均线时买入；以支撑位判断，在前期支撑位附近企稳后可买入；以各种技术指标判断，以 KDJ 指标为例，当 K 线向上突破 D 线时，即可买进。入场的点位需要坚持一个原则，那就是如果入场时机错了，要接受的亏损止损离场，这就涉及资金管理的问题。

3. 资金管理的起点是在正确的时机承担正确的风险。资金管理影响交易态度，交易态度影响期货分析，期货分析影响最终的决策，最终决策影响投资收益。成功的交易者，保住自己的本金才能做到持续盈利，良好的资金管理增加了交易者生存下去的机会。在期货投资中遵循的重要原则是，在交易中做对时可以加仓，并放任利润的增长，但在认识到做错时，要及时止损。这就需要和时机选择相配合，并严格设定止损点。具有良好资金管理的交易系统，能够持续在一个交易周期内获得盈利，且某次交易的获利能够弥补此前多次的亏损后依然有盈利，但没有良好资金管理的交易系统，有可能在一个交易周期内无法获得盈利，且多次的盈利难以弥补某次的亏损。

4. 心理控制是整个交易系统中重要的一环。同样的交易系统，不同的投资者来使用，其最终的收益结果往往存在较大差异。如海龟交易法则中的试验交易者使用了同样的交易系统，但是取得的结果完全不一样。造成差异的最重要原因是投资者的个人交易禀赋和心理控制能力的不同。虽然投资者心理控制不能像计算机一样对交易进行精密控制，但有几条原则依然需要坚持。其一，机械执行交易系统发出的交易指令，不能因系统外因素的变化而不执行系统发出的指令；其二，不要心存侥幸，认为期货价格达到止损位置后能够按照原来的趋势运行；其三，经过多次止损后，投资者情绪不能崩溃，依然能够坚持执行交易系统。

**小贴士**

**海龟们的心得**

1. 掌握优势：找到一个期望值为正的交易策略，因为长期来看它能创造正的回报。

2. 管理风险：控制风险，守住阵地，否则即使你有一个期望值为正的系统，你可能也等不到它创造成果的那一天。

3. 坚定不移：唯有坚定不移地执行你的策略，你才能真正获得系统的正期望值。

4. 简单明了：长久来看，简单的系统比复杂的系统更有生命力。

**小贴士**

任何成功的期货交易模式中，都必须考虑以下三个因素：价格预测、时机抉择和资金管理（以下摘录墨菲等的观点，仅供参考）。

1. 价格预测。价格预测指我们所预期的未来市场的趋势方向。在市场决策过程中，这是最关键的一个步骤。通过预测，交易者决定到底是看涨、看跌，还是震荡，从而回答我们的基本问题：我们应该以多头一边入市，还是以空头一边入市，还是不入市。如果价格预测是错误的，那么以下的一切工作均不能奏效。

2. 时机选择。时机抉择或称为交易策略，是指确定具体的入市和出市点。在期货交易中，时机抉择也是极为关键的。因为这个行业具有高杠杆率的特点，所以，我们没有多大的回旋余地来挽回错误。尽管我们已经正确地判断出了市场的方向，但是，如果把入市时机选择错了那么依然可能蒙受损失。就其本质来看，时机抉择问题几乎完全是技术性的。因此，即使交易者是基础分析型的，在确定具体的入市、出市点这一问题上，他仍然必须借助技术工具。

3. 资金管理。资金管理是指资金的配置问题。其中包括投资组合的设计，多样化的安排，在各个市场上应分配多少资金去投资或冒险，止损指令的用法，报偿和风险比的权衡，在经历了成功阶段或挫折阶段之后分别采用何种措施，以及选择保守稳健的交易方式还是大胆积极的方式等。

总之，价格预测告诉交易者怎么做（买进、卖出或等待），时机抉择帮助交易者决定何时做，而资金管理则确定用多少钱做这笔交易。

（1）资金管理。关于如何进行资金管理，由于涉及多个投资品种的管理、不同时间段的管理、加仓、止损等，因此可以制定资金管理模式。资金管理策略方面需要考虑的因素主要有：固定头寸、固定资金、凯利公式、固定风险、优化公式、获利风险、固定比例、保证金目标模式、最大连续亏损、满仓等。在此我们着重介绍两点。

凯利公式。凯利公式也称为凯利方程式，可用以计算出每次投资中应投注的资金比例，通过“按比例”分散下注的方式来避免破产。

最大连续亏损。有时预见会非常不好，做一次交易亏了，再做一次交易又亏了，那么就要限制次数，亏三次就停下来。管理的策略比判断价格更重要。

（2）资金管理的方法。资金管理的方法有很多，其中常见的有：①固定金额管理法。比如资金总额为 2000 万美元，则根据个人的交易风格、交割规则，确定占用的保证金为 1000 万美元或其他。②固定比率管理法。比如进行交易时，交易资金比例不超过 20%、30% 等。③变动比率管理法：在出现极端行情的时候，涨得非常高了做多，如果已经突破了历史的高位，还在疯狂上涨的时候，多头还是可以做的，但是占用资金的比例可以略微下降一些，此方法因人而异，没有统一的标准。

（3）资金管理和交易策略的要领。一些普遍性的资金管理和交易策略要领如下：①总投资额必须限制在全部资本的50%以内。在任何时候，交易者投入市场的资金都不应该超过其总资本的一半。剩下的一半是储备用来保证在交易不顺手的时候或临时支用时有备无患。②在任何单个市场上所投入的总资金必须限制在总资本的10%~15%。这一措施可以防止交易商在一个市场上注入过多的本金。③在任何单个市场上的最大总亏损金额必须限制在总资本的5%以内。这个5%是指交易商在交易失败的情况下，将承受的最大亏损。④在任何一个市场群类上所投入的保证金额必须限制在总资本的20%~25%。同一群类的市场，往往步调一致。例如，金市和银市是贵金属市场群类中的两个成员，它们通常处于一致的趋势下。如果我们把全部资金头寸注入同一群类的各个市场，就违背了多样化的风险分散原则。

## 十二、期货投机交易成功的条件有哪些？

### （一）期货投机成功的必要条件

期货市场属于零和博弈，期货投资者希望在期货投机中获得稳定的收益，必须具备以下五种素质。

1. 必须具备自信心，相信自己可以学习新的知识，并积极地运用于生活中的每一个领域。

2. 必须具备自我的动机与决心，有能力和意愿将时间与精力花费在交易的知识上，并学习如何交易。

3. 必须具备智识上的独立性，在面对各种不同的见解时，可以根据事实自行判断。

4. 必须具备最基本的诚实，有足够的决心承认并面对有关自我、市场以及自我判断的真实性。

5. 真诚地热爱自己的工作，并认为最大的报酬来自工作过程的本身，而不是工作得到的名与利。

这些素质在生活中的每一个领域都很重要，期货投机的快速步调与波动更凸显出它们的重要性。缺乏自信，投资者将永远处于恐惧犯错的情境中，这种恐惧感迟早会令投资者无法思考或拟定决策。缺乏自我的动机与决心，将无法在市场的激烈竞争中存活。缺乏智识上的独立性，投资者将会迷失在变幻莫测的观点浪潮中，并陷入金融的漩涡。缺乏诚实面对自己的能力，投资者的愿望将取代现实，发现自己不是根据事实而是根据自身的愿望与期待拟定决策。缺乏对工作的热爱，投资工作将变得沉闷无趣，丧失持续工作的动机与力量。

### （二）建立期货投机的交易纪律

交易纪律是一种态度，使交易行为完全依据一套既定的准则或者原则。要经过持续的训练，将纪律变成一种习惯，使交易可以有条不紊地进行。投资者想获得理想的交易业绩，必须坚持三点。

第一，建立目标。第二，获取市场的相关知识。第三，界定有效的交易准则。交易者应严格遵循交易准则而执行上述三点。

**小贴士**

**《专业投机原理》提供的交易员准则**

1. 不可过度交易。
2. 不可把亏损带回家。
3. 不理想的交易头寸不可加码。
4. 不可让获利演变为亏损。
5. 在交易前，务必先决定你的止损位置。
6. 不可以成为单方向的交易员，务必保持弹性。
7. 在适当的情况下，可以追加获利的头寸。最佳的买进与卖空时机是整理或交易区间被突破的时候。

8. 如果你在场内，务必仅专注于一个营业厅的行情发展。

9. 了解所有场内交易员与经纪人的癖性。

10. 除非行情非常活跃，否则不要在交易时段的中间突然插进交易。

11. 当你离开场内或报价机时，每个头寸都必须设定止损点。

12. 当你建立新头寸而在涨势中买进或在跌势中卖空时，务必谨慎。

13. 务必控制自己的情绪，包括：恐惧、贪婪、期待、焦虑、草率、陶醉与谬误的自尊。

14. 保持耐心。

15. 迅速认赔，并让获利头寸持续发展。

16. 如果你没有把握，不要交易。

## 自测题

### 一、选择题

1. 期货投机的特征是（　　）。

A. 高风险低收益　　B. 低风险高收益

C. 高风险高收益　　D. 低风险低收益

2. 期货投机与套期保值的区别不包括（　　）。

A. 交易目的不同　　B. 交易数量不同

C. 交易方式不同　　D. 交易风险不同

3. 期货投机的作用不包括（　　）。

A. 期货投机承担价格风险　　B. 促进价格发现

C. 减缓价格波动　　D. 规避价格风险

### 二、判断题

1. 期货投机是投机倒把的行为，会严重危害期货市场的正常运转，应强烈抵制。（　　）

2. 期货投机交易在期货交易所内以公开竞价的方式进行，期货交易的透明度较高，买卖双方彼此竞价所产生的互动作用使价格趋于合理。（ ）

3. 抢帽子者又称逐小利者，是利用微小的价格波动来赚取微小利润，他们频繁进出，但交易量很大，希望以大量微利头寸来赚取利润。（ ）

4. 次项平仓是指有一定的盈利时提止损保护成本，然后随着行情的发展根据技术图形提前止损，直至止损被打掉。（ ）

### 三、填空题

1. 买进期货合约投机者，拥有________头寸。卖出期货合约者，持有________头寸。

2. 对期货合约未来价格走势的分析主要有________分析和________分析。

3. ________止损法是指在买进期货品种的同时，预先设置止损位置，一旦价格向不利于自己的方向发展，到达了该止损点位，则立即离场。

## 参考答案

### 一、选择题

1. C　2. B　3. D

### 二、判断题

1. ×　2. √　3. √　4. ×

### 三、填空题

1. 多头；空头　2. 基本面；技术　3. 固定

# 第八章

# 锡期货的套利交易

**本章要点**

本章主要介绍了套利交易的基本原理、套利交易的意义，以及套利交易策略的分类，其中详细介绍了跨期套利策略、期现套利策略和跨市场套利策略等。

## 一、什么是套利交易？

期货套利交易是指利用相关市场或相关合约之间的价差变化，在相关市场或相关合约上进行方向相反的交易，以期价差发生有利变化时，同时将持有头寸平仓而获利的交易行为。

### （一）期货价差的定义

期货价差是指期货市场上两个不同月份或不同品种期货合约之间的价格

差。与投机交易不同，在价差交易中，交易者不关注某一个期货合约的价格向哪个方向变动，而是关注相关期货合约之间的价差是否在合理的区间范围。如果价差不合理，交易者可以利用这种不合理的价差对相关期货合约进行方向相反的交易，等价差趋于合理时再同时将两个合约平仓来获取收益。因而，价差是价差套利交易中非常重要的概念，而“Spread”一词本身也有价差的含义。

在价差交易中，交易者要同时在相关合约上进行方向相反的交易，也就是说要同时建立一个多头头寸和一个空头头寸，这是套利交易的基本原则。如果缺少了多头头寸或空头头寸，就像缺了一条腿走路一样。因此，套利交易中建立的多头和空头头寸被形象地称为套利的两条“腿”（Legs）。

大多数套利活动都是由买入和卖出两个相关期货合约构成的，因而套利交易通常具有两条“腿”。但也有例外的情况，例如在跨品种套利中，如果涉及的相关商品不止两种，比如在大豆、豆粕和豆油三个期货合约间进行的套利活动，可能包含了一个多头、两个空头或者一个空头、两个多头，在这种情况下，套利交易可能会有三条“腿”。

计算建仓时的价差，应用价格较高的一条“腿”减去价格较低的一条“腿”。例如，某套利者买入 5 月份锡期货合约的同时卖出 6 月份的锡期货合约，价格分别为 177000 元/吨和 176000 元/吨。因为 6 月份价格高于 5 月份价格，因此价差为 6 月份价格减去 5 月份价格，即 1000 元/吨。

在计算平仓时的价差时，为了保持计算上的一致性，也要用建仓时价格较高合约的平仓价格减去建仓时价格较低合约的平仓价格。

### （二）价差的扩大与缩小

由于套利交易是利用相关期货合约间不合理的价差来进行的，价差能否在套利建仓之后回归正常，会直接影响套利交易的盈亏和套利的风险。具体来说，如果套利者认为目前某两个相关期货合约的价差过大时，他会希望在套利建仓后价差能够缩小（Narrow）；同样地，如果套利者认为目前某两个相关期货合约的价差过小时，他会希望套利建仓后价差能够扩大（Widen）。如果当前（或平仓时）价差大于建仓时价差，则价差是扩大的；如果相反，则价差是缩小的。

### （三）价差套利的盈亏计算

在计算套利交易的盈亏时，可分别计算每个期货合约的盈亏，然后进行加总，可以得到整个套利交易的盈亏。

### （四）套利交易指令

在套利交易实施中，多数交易所为了给套利交易提供便利，往往会设计套利指令，套利者可使用套利指令来完成套利操作。套利指令通常不需要标明买卖各个期货合约的具体价格，只要标注两个合约价差即可，非常便利。有些国家的交易所（如美国），套利交易还可以享受佣金、保证金方面的优惠待遇。在指令种类上，套利者可以选择市价指令或限价指令，如果要撤销前一笔套利交易的指令，则可以使用取消指令。

1. 套利市价指令的使用。如果套利者希望以当前的价差水平尽快成交，则可以选择使用市价指令。套利市价指令是指交易将按照市场当前可能获得的最好的价差成交的一种指令。在使用这种指令时，套利者不需要注明价差的大小，只须注明买入和卖出期货合约的种类和月份即可，具体成交的价差如何，则取决于指令执行时点上市场行情的变化情况。该指令的优点是成交速度快，但也存在缺点，在市场行情发生较大变化时，成交的价差可能与交易者最初的意图有较大差距。

2. 套利限价指令的使用。如果套利者希望以一个理想的价差成交，可以选择使用套利限价指令。套利限价指令是指当价格达到指定价位时，指令将以指定的或更优的价差来成交。套利限价指令可以保证交易能够以指定的甚至更好的价位来成交。在使用限价指令进行套利时，需要注明具体的价差和买入、卖出期货合约的种类和月份。该指令的优点在于可以保证交易者以理想的价差进行套利，但由于限价指令只有在价差达到所设定的价差时才可以成交，因此，使用该指令不能保证能够立刻成交。

对于是否将套利交易看成投机交易的一种形式，在国外有着不同的观点。在早期，理论界一般将套利交易归入投机的范畴，把套利交易看成投机交易中的一种特殊的交易方式。后来有些专家、学者开始将套利视为与投机交易不同的一种交易方式，在期货市场中具有独立的性质，并发挥着特定的作用。美国著名期货专家、金融期货的创始人利奥·梅拉梅德曾经指出，“期货市场套利者与其他交易主体大不一样，套利者利用的是同一商品在两个或更多合约月份之间的差价，而不是任何一个合约的价格进行交易。因此，他们的潜在利润不是基于商品价格的上涨或下跌，而是基于不同合约月份之间价差的扩大或缩小，依此构成其套利的头寸。”可见，在利奥·梅拉梅德看来，套利者是一个与投机者或套期保值者都不同的独立群体。在后面的介绍中，我们将更加详细地介绍套利策略与套保及投机策略的区别。

## 二、套利交易存在的意义是什么？

套利在本质上是期货市场上的一种投机，但与普通期货投机交易相比，风险较低。因为套利是利用期货市场中有关价格失真的机会，并预测该价格失真最终会消失，从中获取套利利润。套利交易在客观上有助于使扭曲的期货市场价格重新恢复到正常水平，因此，它的存在对期货市场的健康发展起到了非常重要的作用。主要表现在两个方面。

1. 套利行为有助于期货价格与现货价格、不同期货合约价格之间的合理价差关系的形成。套利交易的获利来自对不合理价差的发现和利用，套利者会时刻注意市场动向，如果发现价差存在异常，则会通过套利交易获取利润。而套利者的套利行为，客观上会对相关价格产生影响，促使价差趋于合理。

2. 套利行为有助于市场流动性的提高。套利行为的存在提高了期货市场的交易量，承担了价格变动的风险，提高了期货交易的活跃程度，有助于交易者的正常进出和套期保值操作的顺利实现，有效地降低了市场风险，促进交易的流畅化和价格的理性化，因而起到了市场润滑剂和减震器的作用。

## 三、套利策略与套保及投机策略的区别在哪里?

### (一)期货套利策略与套保策略的区别

期货的套期保值(Futures Hedging)是指企业通过持有与其现货市场头寸相反的期货合约,或将期货合约作为其现货市场未来要进行的交易的替代物,以期对冲价格风险的方式。企业通过套期保值,可以降低价格风险对企业经营活动的影响,实现稳健经营。从上面的描述来看,套利者和套期保值者都是建立了两个方向相反的交易部位,在对冲之后,用一个交易部位的盈利弥补另一个交易部位的亏损。但是,套利交易和套期保值有着根本的区别,主要表现在以下四个方面。

1. 两者的目的不同。套利交易的主要目的是在承担较小风险的同时,获得较为稳定的利润。而套期保值的目的是转移市场风险,并不以盈利为目的。在很多套期保值的成功案例中,期货部位往往是亏损的,但只要期货与现货两个市场的盈亏基本相抵,就达到了套期保值锁定风险的目的。

2. 两者的基础不同。套期保值者一般是在现货市场上持有头寸,或者预期将持有现货头寸,因而在期货市场上建立反向的期货头寸以管理现货风险,也就是说,如果没有现货市场的交易需求,就不会持有期货部位。而套利则不同,其所持有的多头部位、空头部位以及现货部位都是套利交易的一部分,套利者从这些头寸的相对价格差异中获得利润。

3. 两者涉及的市场范围不同。套期保值只涉及现货和期货两个市场。而在套利交易中,交易者既可在期货和现货市场同时操作进行期现套利,也可仅在期货市场进行套利:或在同一品种不同交割月份之间进行跨期套利,或在不同品种同一交割月份之间进行跨品种套利,或在不同的期货市场之间进行跨市场套利。

4. 两者的依据不同。套期保值依据的是期货市场和现货市场价格变动的一致性,并且变动的趋势、幅度越一致,套期保值的效果越好;而套利交易者利用的是期货与现货之间，或者期货合约之间的价格出现的不合理偏差来获取套利利润，并且这种不合理的价差越大，套利交易的利润就越大。

### （二）期货套利策略与投机策略的区别

套利在本质上也是期货市场上的一种投机，但与普通期货投机交易相比，风险较低，且期货套利与期货投机交易方式大不相同，在期货市场中发挥着特殊的作用。期货套利与期货投机交易的区别主要体现在：

1. 期货投机交易只是利用单一期货合约绝对价格的波动赚取利润，而套利是从相关市场或相关合约之间的相对价格差异变动套取利润。期货投机者关心和研究的是单一合约的涨跌，而套利者关心和研究的则是两个或多个合约相对价差的变化。

2. 期货投机交易在一段时间内只做买或卖，而套利则是在同一时间买入和卖出相关期货合约，或者是于同一时间在相关市场进行反向交易，同时扮演多头和空头的双重角色。

3. 期货套利交易赚取的是价差变动的收益。通常情况下，由于相关市场或相关合约价格变化方向大体一致，所以价差的变化幅度小，因而承担的风险也较小。而普通期货投机赚取的是单一的期货合约价格有利变动的收益。与价差的变化相比，单一价格变化幅度更大，因而承担的风险也较大。

4. 期货套利交易成本一般要低于投机交易成本。一方面，由于套利的风险较小，因此，在保证金的收取上要小于普通期货投机，从而大大节省资金的占用。另一方面，通常进行相关期货合约的套利交易至少同时涉及两个合约的买卖。在国外，为了鼓励套利交易，一般规定套利交易的佣金费用比单笔交易的佣金费用要高，但比单独做两笔交易的佣金费用之和要低，所以说，套利交易的成本较低。

## 四、套利交易策略是如何分类的？

一般来说，期货套利交易主要是指期货价差套利。价差套利（Spread），是指利用期货市场上不同合约之间的价差进行的套利行为。价差套利也可称为价差交易、套期图利。价差套利根据所选择的期货合约的不同，又可分为跨期套利、期现套利、跨市套利和跨品种套利等。

1. 跨期套利是指在同一市场（即同一交易所）同时买入、卖出同种商品、不同交割月份的期货合约，以期在有利时机同时将这些期货合约对冲平仓获利。

2. 跨品种套利是指利用两种或三种不同的但相互关联的商品之间的期货合约价格差异进行套利，即同时买入或卖出某一交割月份的相互关联的商品期货合约，以期在有利时机同时将这些合约平仓获利。

3. 跨市套利是指在某个交易所买入（或卖出）某一交割月份的某种商品合约的同时，在另一个交易所卖出（或买入）同一交割月份的同种商品合约，以期在有利时机分别在两个交易所同时平仓在手的合约而获利。

4. 期现套利是指某种期货合约，当期货市场与现货市场在价格上出现不合理的差距时，交易者利用两个市场的价格差距，在两个市场进行反向交易，低买高卖从而获得无风险利润的行为。

下面将对跨期套利、期现套利、内外跨市套利进行更加详细系统的介绍。

## 五、跨期套利策略有哪些？

跨期套利是在同一市场、同种商品的不同交割月份期货合约上进行的买卖操作。根据套利者对不同合约月份中价格较高的一边的买卖方向不同，跨期套利可分为买入套利和卖出套利。根据套利者对不同合约月份中近月合约与远月合约买卖方向的不同，跨期套利可分为牛市套利、熊市套利和蝶式套利。

### （一）买入套利和卖出套利

1. 买入套利。如果套利者预期两个或两个以上期货合约的价差将扩大

(Widen)，则套利者将买入其中价格较高的合约，同时卖出价格较低的合约，我们称这种套利为买入套利（Buy Spread）。如果价差变动方向与套利者的预期相同，则套利者就会通过同时将两份合约平仓来获利。

2. 卖出套利。如果套利者预期两个或两个以上相关期货合约的价差将缩小（Narmw），套利者可通过卖出其中价格较高的合约，同时买入价格较低的合约来进行套利，我们称这种套利为卖出套利（Sell Spread）。例如，如果套利者以174000元/吨买入4月份锡期货合约，同时以177000元/吨卖出9月份锡期货合约，这种套利就是卖出套利。

### （二）牛市套利、熊市套利和蝶式套利

1. 牛市套利（Bull Spread）。市场出现供给不足、需求旺盛的情形，可能会导致较近月份的合约价格上涨幅度大于较远期的上涨幅度，或者较近月份的合约价格下降幅度小于较远期的下跌幅度。无论是正向市场还是反向市场，在这种情况下，买入较近月份的合约同时卖出远期月份的合约进行套利，盈利的可能性比较大。我们称这种套利为牛市套利。一般来说，牛市套利对于可储存的商品并且是在相同的作物年度最有效，例如，买入5月棉花期货同时卖出9月棉花期货。可以适用于牛市套利的可储存的商品有小麦、棉花、大豆、糖、铜等。对于不可储存的商品，如活牛、生猪等，不同交割月份的商品期货价格间的相关性很低或根本不相关，进行牛市套利是没有意义的。需要注意，只要两月份合约的价差趋于缩小，交易者就可以实现盈利，而与期货价格的涨跌无关。

在进行牛市套利时，需要注意的是：在正向市场上，牛市套利的损失相对有限而获利的潜力巨大。这是因为：在正向市场进行牛市套利，实质上是卖出套利，而卖出套利获利的条件是价差要缩小。如果价差扩大的话，该套利可能会亏损，但是由于在正向市场上价差变大的幅度受持仓费水平的制约，价差如果过大，超过了持仓费，就会产生套利行为，会限制价差扩大的幅度。而价差缩小的幅度则不受限制，在上涨行情中很有可能出现近期合约价格大幅度上涨，从而远远超过远期合约的可能性，使正向市场变为反向市场，价差可能从正值变为负值，价差会大幅度缩小，使牛市套利获利巨大。

2. 熊市套利（Bear Spread）。当市场出现供给过剩，需求相对不足时，

一般来说，较近月份的合约价格下降幅度往往要大于较远期合约价格的下降幅度，或者较近月份的合约价格上升幅度小于较远期合约价格的上升幅度。无论是在正向市场还是在反向市场，在这种情况下，卖出较近月份的合约同时买入远期月份的合约进行套利，盈利的可能性比较大，我们称这种套利为熊市套利。在进行熊市套利时需要注意，当近期合约的价格已经相当低，以至于它不可能进一步偏离远期合约时，进行熊市套利是很难获利的。

3. 蝶式套利（Butterfly Spread）。蝶式套利是跨期套利中的另一种常见的形式。它是由共享居中交割月份一个牛市套利和一个熊市套利的跨期套利组合。由于近期和远期月份的期货合约分居于居中月份的两侧，形同蝴蝶的两个翅膀，因此称为蝶式套利。蝶式套利是两个跨期套利互补平衡的组合，可以说是“套利的套利”。蝶式套利与普通的跨期套利相比，从理论上看，风险和利润都较小。

蝶式套利的具体操作方法是：买入（或卖出）近期月份合约，同时卖出（或买入）居中月份合约，并买入（或卖出）远期月份合约。其中，居中月份合约的数量等于近期月份和远期月份数量之和。这相当于在近期与居中月份之间的牛市（或熊市）套利和在居中月份与远期月份之间的熊市（或牛市）套利的一种组合。例如，套利者同时买入 2 份 5 月份锡期货合约，卖出 6 份 7 月份锡期货合约，买入 4 份 9 月份锡期货合约。

蝶式套利与普通的跨期套利的相似之处，都是认为同一商品的不同交割月份之间的价差出现了不合理的情况。但不同之处在于，普通的跨期套利只涉及两个交割月份合约的价差，而蝶式套利认为居中交割月份的期货合约价格与两侧交割月份合约价格之间的相关关系出现了差异情况。

## 六、期现套利策略是什么？

期现套利是指某种期货合约，当期货市场与现货市场在价格上出现不合理的差距时，交易者利用两个市场的价格差距，在两个市场进行反向交易，低买高卖从而获得无风险利润的行为。理论上，期货价格是商品未来的价格，现货价格是商品目前的价格，按照经济学上的同一价格理论，两者间的差距应该等于该商品的持有成本，一旦这个差距与持有成本偏离较大，就出现了期现套利的机会。实际中，往往是期货价格高于现货价格，并且超过用于交割的各项成本，如运输成本、质检成本、仓储成本、开具发票所增加的成本等。

期现套利界定与套利机会确定期现套利通常在股指期货与现货指数之间出现价格失衡时产生。正常情况下，期现套利交易将确保股指期货的价格处于合理状态。期现套利主要包括正向买进期现套利和反向买进期现套利两种。

确定期现套利交易机会可以分两步进行：首先是确定套利机会是否存在，通过股指期货定价理论来确定股指期货合理价格区间，当偏离于股指期货合理价格区间外即出现套利机会；其次是利用价差比指标来衡量股指期货价格与现货指数的偏离程度，进而确定套利空间大小。

## 七、内外跨市套利策略有哪些？

跨市套利是套利的一种简单类型，是在不同交易所之间的套利交易行为。当同一期货商品合约在两个或更多的交易所进行交易时，由于区域间的地理差别，各商品合约间存在一定的价差关系。在期货市场上，许多交易所都交易相同或相似的期货商品，如芝加哥期货交易所、大连商品交易所、东京谷物交易所都进行玉米、大豆期货交易，伦敦金属交易所、上海期货交易所、纽约商业交易所都进行有色金属交易。一般来说，这些品种在各交易所间的价格会有一个稳定的差额，一旦这一差额发生短期的变化，交易者就可以在这两个市场间进行套利，购买价格相对较低的合约，卖出价格相对较高的合约，在期货价格趋于正常时平仓，就可以赚取低风险利润。而内外跨市套利指的是在国内和国外的不同交易所之间进行套利。例如伦敦金属交易所

(LME) 与上海期货交易所 (SHFE) 都进行锡期货交易，每年两个市场间会出现几次价差超出正常范围的情况，这为交易者的跨市套利提供了机会。例如当 LME 锡价低于 SHFE 时，交易者可以在买入 LME 锡期货合约的同时，卖出 SHFE 的锡期货合约，待两个市场价格关系恢复正常时再将买卖合约对冲平仓并从中获利，反之亦然。跨市套利有以下五个要点。

第一，利用少许投资 (低成本)。进行商品跨市套利，需要在两个交易所分别缴纳保证金 (通常为期货价格的 10% 左右)，并预留部分备用结算金，但总共所需的投资额也只占商品价格的很小一部分，因此成本较低。

第二，同种商品。

第三，在一个交易所买入，在另一个交易所卖出。套利是典型的对冲交易，在两个市场分别持有买卖方向相反的头寸。

第四，利用两市相对价格变化来获取利润。当买入市场的价格上涨幅度超过了卖出市场的价格上涨幅度时，买入市场的盈利就超过了卖出市场的损失，总体而言就获得了利润。

第五，低风险。与投机相比，跨市套利具有对冲的特性，一个市场上的损失可以用另一个市场上的盈利来弥补，因此收入—损失的波动率非常小。

### (一) 跨市套利策略存在的前提

1. 交易标的物要相同或相似。
2. 交易的标的物在两个市场间有足够高的自由流通程度。
3. 标的物的价格有足够高的相关性。

### (二) 跨市场套利的分类

跨市场套利一般可以划分为正向套利和反向套利两种：正向套利指的是套利交易方向和贸易流方向一致，以锡为例，国内锡以进口为主，在 LME 做多头寸的同时，在上期所做空头寸，这样的开仓交易称为正向套利，因为其与中国锡的贸易流方向一致，基于此，正向的跨市场套利更加的常用，对于已经有现货贸易经验的投资者来说也更容易理解。反向套利指的是套利交易方向和贸易流方向相反，因此带有更多的风险性，所以使用的投资者相对来说就比较少，具体的操作方式即与正套相反。在有色板块当中，中国仅有铝是以出口为主，其他都是以进口为主。

### （三）跨市套利需要特别注意的因素

（1）运输费用。运输费用是决定同一品种在不同交易所间价差的主要因素。一般来说，离产地较近的交易所期货价格较低，离产地较远的交易所期货价格较高，两者之间的正常差价为两地间的运费。投资者在进行跨市套利时，应着重考虑两地间的运输费用差价的关系。

（2）交割品级的差异。跨市套利虽然是在同一品种间进行，但不同交易所对交割品的品质级别和替代品升贴水有不同的规定，这在一定程度上造成了各交易所间价格的差别。投资者在进行跨市套利时，对此应有充分的了解。

（3）交易单位和报价体系。投资者在进行跨市套利时，可能会遇到交易单位和报价体系不一致的问题，应将不同交易所的价格按相同计量单位进行折算，才能进行价格比较。

（4）汇率波动。如果在不同国家的市场进行套利，还要承担汇率波动的风险。投资者在进行套利前，应对可能出现的损失进行全面估量。

（5）保证金和佣金成本。跨市套利需要投资者在两个市场缴纳保证金和佣金，保证金的占用成本和佣金费用要计入投资者的成本之中。只有交易者预计的套利收益高于上述成本时，才可以进行跨市套利。

### （四）跨市套利机会的确定

套利机会的出现，是由于两个市场同种商品的价格走势出现了背离，其中一个市场的价格严重偏高于另一个市场的价格。导致两市同种商品价格走势出现背离的一个很重要的原因是两市投机力量的方向、强弱等的不同，尤其是某个市场出现过度投机的时候。

1. 判断价格背离的标准

标准就是商品市场的一价定律。商品一价定律，是指在考虑运费和关税之后，同一种商品在两个市场的价格应该相等。如果价格偏离了一价定律，那么就存在套利机会——从价格偏低的市场买入商品，运到价格偏高的市场上卖出。

2. 跨市套利机会的观测途径

跨市套利的机会主要可以通过沪伦比值和进口盈亏的测算来进行监测：

（1）沪伦比值。沪伦比值可以通过简单地将两个交易所在同一时间点的价格进行对比得到，我们采用的是上期所收盘价（下午 3 点）和对应时间点 LME（上午 8 点）的价格比值。简单来说，当沪伦比值过大时，国内价格高于国外，比值发生回归阶段，应当选择空国内多国外。而当沪伦比值过小时，国外价格高于国内，比值发生回归阶段，应当选择空国外多国内。不过直接求出的沪伦比值受汇率波动的影响，并不能很好地稳定在一个较小的区间内，也就较难帮助我们寻找到跨市套利的机会，因此我们将汇率因素剔除后，采用概率分布的方式对沪伦比值进行研究。以锡期货为例，对年内剔除汇率后的沪伦比值进行概率分布统计后，可以看到其基本符合正态分布的原则，因此可以得到在均值加上（减去）1.65 倍的标准差时得到 90% 的置信区间，此时沪伦比值回归可能性较大，做跨市套利的风险相对较小。

（2）进口盈亏。计算进口盈亏也是比较常用的监测方法，可以将其理解为沪伦比值的强化版。相对于沪伦比值来说，进口盈亏不仅可以检测到是否有跨市套利的机会出现，还可以确定机会的大小，以此决定是否值得去做。

### （五）跨市套利策略中隐含的风险

跨市套利策略中隐含的风险大致可以分为三类，分别为政策风险、波动风险和制度风险。制度风险是指由两交易所交易制度的不同带来的风险，这是最容易防范的，但同样也容易被忽视。制度风险主要分为三点，分别为调期费用的产生、交割时间的不一致和每手合约包含的标的物数量不同。波动风险，包括合约本身的波动和汇率的波动。在价格波动的过程中，即使看对了方向，也有单边爆仓的可能性（跨市套利中一般不会出现双边爆仓），而汇率变动可能导致收益缩水，甚至亏损，波动风险是最麻烦的。政策风险，主要包括购汇和大额申报过程中产生的障碍，政策风险相对来说更长期，在了解了相关政策之后，可以在能力范围内进行一定的规避。

1. 制度风险（调期费用、交割时间、交易单位）

首先来看制度风险。为了规避制度风险，我们需详细地了解双边交易所的合约内容，有色板块当中，主要是要了解上期所和 LME 期货合约之间的区别，主要可分为以下三点。

第一，关于合约结束时间对应的问题。在上期所操作时，合约到期时间是固定的，但是 LME 需要调期到对应的时长，因为 LME 期货其实是远期。在这个过程中会产生调期的费用。调期交易实质上是由买卖方向相反，合约到期日不一样的两个交易所组成。调期的费用即升贴水，不同到期日的合约如果要通过调期调到同一到期日，会因为头寸状况和市场状况不同收取或者付出一个差价，而这个差价就是升贴水。当我们需要买近卖远，而当时的升贴水状况为远高近低的话，就需要支付这部分的差额。如果做买远卖近，当时的升贴水状况为近高远低的话，也需要支付这部分的差额。调期费用的确定，一般为经济公司参考月间价差制定。

第二，关于交割的时间不一致。上期所交易中，有色板块的期货合约交割时间一般都是固定的，基本上都是每个月的 15 号，如遇节假日则顺延。而 LME 的期货合约买方可以要求在合约到期前的任意一天进行交割，可能产生被动的移仓换月的风险。

第三，每手交易中包含的标的物的数量可能不同。例如 LME 合约中，锌的期货合约每手为 25 吨，而上期所的合约每手仅为 5 吨，在配置跨市套利策略的时候，应当遵循这个比例，否则会出现无意义的风险敞口。

2. 波动风险（单侧爆仓与汇率波动）

关于波动风险，应将其分为两个部分来进行讨论，即期货合约本身的价格波动和汇率的波动。

关于汇率，当我们进行跨市套利策略时，势必要将人民币兑换成美元才能够进入 LME 市场，跨市套利的前提条件是人民币兑美元的汇率保持相对稳定，如果汇率发生大幅变化，则一价定律条件（均衡比值）必须重新定位，而已经建立的跨市套利头寸就面临较大风险。同时，在外盘的操作需要以人民币折算为美元作为保证金或结算盈亏，若汇率大幅变动，则这些存放于境外的美元资金就存在相当大的汇率风险。如果交易结束时的人民币兑美元汇率高于当初兑换时的汇率，则会让投资者遭遇损失，因为人民币在此期间升值，同样数量的美元只能换回更少的人民币。对于境外美元意外贬值的风险，国内缺乏有效的市场化解决办法，但有条件的话可以运用货币互换和无本金交割远期外汇交易（NDF）等。

此外，期货合约本身的价格波动也会带来风险，即比值持续扭曲的风险。如果市场上的非理性投机行为过于严重的话，价格就会偏离得更远。尽管市场最终会恢复理性，但在此之前套利者可能会面临很大的浮动亏损。控制该风险的方法，包括选好入市时机、合理安排仓位等。例如在锡做反套的情况下，买国外空国内，价格一路下跌，在国内这个单边的交易中，我们是赚钱的，因此不用担心；但是同时在 LME 的单边交易中，我们要不断往里加钱才能避免爆仓。那么这个过程中即使我们的策略是正确的，在资金不够雄厚的情况下，也有可能遭遇损失。同时，这种情况还将引出另一种风险，即政策风险。

3. 政策风险（限额与申报）

关于政策风险，依然延续上一个例子，当我们觉得自己资金也够，策略方向也对，可以高枕无忧的时候，恰恰是政策风险最致命的时候，因为我们的外币兑换和汇款过程受到政策的限制，很有可能造成汇款不及时，被强制平仓。自 2007 年以来，国家外汇管理局实施了个人购汇、结汇年度总额的便利化管理措施。按照流程，个人每年 5 万美元以内的购汇、结汇，凭身份证可以直接在银行办理。如果超过 5 万美元，需要凭借交易额的证明材料在银行办理。一般需 1～2 天才能到账。关于大额交易报告，个人跨境转账大于或等于 1 万美元，要申报；企业跨境转账大于或等于 20 万美元，则要申报。因此可能会对 LME 的交易形成时间上的延迟和障碍。

## 自测题

### 一、判断题

1. 期货套利交易是指利用相关市场或相关合约之间的价差变化，在相关市场或相关合约上进行方向相反的交易，以期价差发生有利变化时，同时

将持有头寸平仓而获利的交易行为。（ ）

2. 套利交易是利用相关期货合约间不合理的价差来进行的，但价差能否在套利建仓之后回归正常，不会直接影响套利交易的盈亏和套利的风险。（ ）

3. 套利行为有助于期货价格与现货价格、不同期货合约价格之间的合理价差关系的形成。（ ）

4. 期货套利交易只是利用单一期货合约绝对价格的波动赚取利润，而投机是从相关市场或相关合约之间的相对价格差异变动套取利润。（ ）

5. 股指期货期现套利是目前中国股市唯一持续可行的无风险套利策略。（ ）

## 二、填空题

1. 期货价差是指期货市场上两个不同________或不同__________之间的价格差。

2. 在价差交易中，交易者要同时在相关合约上进行方向________的交易，也就是说要同时建立一个________头寸和一个________头寸，这是套利交易的基本原则。

3. 如果套利者希望以当前的价差水平尽快成交，则可以选择使用________指令。

4. 期货套利交易成本一般要________投机交易成本。

5. __________是指在某个交易所买入（或卖出）某一交割月份的某种商品合约的同时，在另一个交易所卖出（或买入）同一交割月份的同种商品合约，以期在有利时机分别在两个交易所同时平仓在手的合约而获利。

6. 根据套利者对不同合约月份中近月合约与远月合约买卖方向的不同，跨期套利可分为________套利、________套利和________套利。

7. 跨市套利策略中隐含的风险大致可以分为三类，分别为________风险、________风险和________风险。

## 参考答案

### 一、判断题

1. √  2. ×  3. √  4. ×  5. √

### 二、填空题

1. 月份；品种期货合约  2. 相反；多头；空头  3. 市价  4. 低于  5. 跨市套利  6. 牛市；熊市；蝶式  7. 政策；波动；制度

# 后 记

本书是专为期货交易者编写的一本普及性读物，适合于锡产业链企业和普通交易者阅读。

本书注意实用性、趣味性，以通俗易懂的语言、鲜明生动的案例将理论知识简单化，避免了理论知识阐述过程中的呆板僵硬。对锡产业链企业而言，本书具有指导实务操作的作用，书中包含了大量套期保值、套利、风险管理的应用型案例，对企业应用锡期货有一定借鉴意义。对于普通交易者而言，本书通过一问一答的形式，由浅入深地剖析锡的基本面和技术面，有助于交易者快速了解锡市场。

与证券、债券等金融工具相比，期货作为风险管理工具，专业性强，杠杆率高，风险大，这在客观上要求交易者具备一定的专业投资知识、经济实力以及风险承受能力。“期市有风险，入市需谨慎!”

本书由于篇幅限制，无法尽述相关实体企业及交易者在期货市场上可能面临的所有具体情况，不管是实体企业还是普通交易者，参与期货市场，都务必结合自身需求，制定科学合理的交易策略。企业参与套期保值要避免变成投机，普通交易者要严格评估自身能力，尽可能地熟悉并掌握交易品种的市场特点及操作技巧，并严格控制交易规模，避免遭受不必要的损失。

作为《期货交易者教育系列丛书》之一，本书由中国期货业协会组织编写，国泰君安期货有限公司刘雨萱、张航、季先飞同志承担了具体编写任务。上海期货交易所对本书书稿进行了审阅并提出了宝贵建议。

本书在编写过程中还得到了中国证监会期货司、上海期货交易所和国泰君安期货有限公司领导的指导和帮助，在此表示衷心的感谢！书中的错误之处，敬请批评指正。

**中国期货业协会《期货交易者教育系列丛书》编委会**

2024 年 4 月

中国期货业协会
China Futures Association

中国财经出版传媒集团
中国财政经济出版社

# 书单
FUTURES

## 一、系列

| 序号 | 系列 |
| --- | --- |
| (一) | 期货交易者教育系列图书 |
| (二) | 金融衍生品系列丛书 |
| (三) | 中国期货业发展创新与风险管理研究 |
| (四) | 中国期货市场年鉴 |
| (五) | “讲故事　学期货”金融国民教育丛书 |
| (六) | 全国期货从业人员资格考试参考用书 |
| (七) | 服务实体经济系列 |
| (八) | 期货投资者保护丛书 |
| …… | …… |

## 二、明细

### (一) 期货交易者教育系列图书

| 序号 | 书名 | 书号 |
| --- | --- | --- |
| 1 | 铜期货 | 978-7-5223-0293-5 |
| 2 | 精对苯二甲酸（PTA）期货 | 978-7-5223-1405-1 |
| 3 | 玉米期货 | 978-7-5223-2467-8 |
| 4 | 铝 | 978-7-5095-3181-5 |
| 5 | 小麦 | 978-7-5095-3183-9 |
| 6 | 锌 | 978-7-5095-3190-7 |
| 7 | 线型低密度聚乙烯（LLDPE） | 978-7-5095-3184-6 |
| 8 | 早籼稻 | 978-7-5095-3076-4 |

续表

| 序号 | 书名 | 书号 |
|---|---|---|
| 9 | 棉花期货 | 978-7-5223-2276-6 |
| 10 | 燃料油期货 | 978-7-5223-2659-7 |
| 11 | 聚氯乙烯 | 978-7-5095-2592-0 |
| 12 | 棕榈油 | 978-7-5095-2589-0 |
| 13 | 黄金 | 978-7-5095-2532-6 |
| 14 | 白糖期货 | 978-7-5095-8814-7 |
| 15 | 豆类期货 | 978-7-5095-8815-4 |
| 16 | 焦煤焦炭期货 | 978-7-5223-2286-5 |
| 17 | 乙二醇期货 | 978-7-5223-1645-1 |
| 18 | 铅 | 978-7-5095-4086-2 |
| 19 | 鸡蛋期货 | 978-7-5095-5803-4 |
| 20 | 铁矿石期货 | 978-7-5095-5809-6 |
| 21 | 纤维板、胶合板期货 | 978-7-5095-5810-2 |
| 22 | 石油沥青期货 | 978-7-5095-5816-4 |
| 23 | 菜籽系期货 | 978-7-5095-5743-3 |
| 24 | 白银期货 | 978-7-5095-5955-0 |
| 25 | 玻璃期货 | 978-7-5095-5697-9 |
| 26 | 动力煤期货 | 978-7-5095-5802-7 |
| 27 | 稻谷期货 | 978-7-5095-5826-3 |
| 28 | 原油期货（第二版） | 978-7-5223-2342-8 |
| 29 | 苹果期货 | 978-7-5223-0455-7 |
| 30 | 花生期货 | 978-7-5223-0967-5 |
| 31 | 生猪期货 | 978-7-5223-0851-7 |
| 32 | 天然橡胶期货 | 978-7-5223-1184-5 |
| 33 | 钢材期货 | 978-7-5223-1175-3 |
| 34 | 甲醇期货 | 978-7-5223-1295-8 |
| 35 | 纸浆期货 | 978-7-5223-1277-4 |
| 36 | 纯碱期货 | 978-7-5223-2285-8 |
| 37 | 镍与不锈钢期货 | 978-7-5233-2488-3 |
| 38 | 锡期货 | 978-7-5223-2660-3 |
| 39 | 液化石油气期货 | 978-7-5223-2931-4 |
| …… | …… | …… |

## （二）金融衍生品系列丛书

| 序号 | 书名 | 书号 |
|---|---|---|
| 1 | 股指期货（第二版） | 978-7-5095-9432-2 |
| 2 | 场外衍生品（第二版） | 978-7-5095-9596-1 |
| 3 | 国债期货（第二版） | 978-7-5095-9601-2 |
| 4 | 金融期权（第二版） | 978-7-5095-9598-5 |
| 5 | 外汇期货（第二版） | 978-7-5095-9597-8 |
| 6 | 结构化产品（第二版） | 978-7-5095-9600-5 |
| 7 | 金融衍生品习题集（第二版） | 978-7-5095-9599-2 |

## （三）中国期货业发展创新与风险管理研究

| 序号 | 书名 | 书号 |
|---|---|---|
| 1 | 中国期货业发展创新与风险管理研究（8） | 978-7-5095-6907-8 |
| 2 | 中国期货业发展创新与风险管理研究（9） | 978-7-5095-7523-9 |
| 3 | 中国期货业发展创新与风险管理研究（10） | 978-7-5095-8144-5 |
| 4 | 中国期货业发展创新与风险管理研究（11） | 978-7-5223-0213-3 |
| 5 | 中国期货业发展创新与风险管理研究（12） | 978-7-5223-1483-9 |
| 6 | 中国期货业发展创新与风险管理研究（13） | 978-7-5223-2215-5 |
| …… | …… | …… |

## （四）中国期货市场年鉴

| 序号 | 书名 | 书号 |
|---|---|---|
| 1 | 中国期货市场年鉴（2015年） | 978-7-5095-6924-5 |
| 2 | 中国期货市场年鉴（2016年） | 978-7-5095-7503-1 |
| 3 | 中国期货市场年鉴（2017年） | 978-7-5095-8331-9 |
| 4 | 中国期货市场年鉴（2018年） | 978-7-5095-9079-9 |
| 5 | 中国期货市场年鉴（2019年） | 978-7-5095-9869-6 |
| 6 | 中国期货市场年鉴（2020年） | 978-7-5223-0640-7 |
| 7 | 中国期货市场年鉴（2021年） | 978-7-5223-1500-3 |
| 8 | 中国期货市场年鉴（2022年 中文版） | 978-7-5223-2380-0 |
| 9 | 中国期货市场年鉴（2022年 英文版） | 978-7-5223-2381-7 |
| …… | …… | …… |

### （五）“讲故事 学期货”金融国民教育丛书

| 序号 | 书名 | 书号 |
|---|---|---|
| 1 | 走进期货 | 978-7-5095-7095-1 |
| 2 | 如何进行期货交易 | 978-7-5095-7092-0 |
| 3 | 期货的套保和套利 | 978-7-5095-7093-7 |
| 4 | 期货交易中的“规矩” | 978-7-5095-4355-9 |
| 5 | 金属期货 | 978-7-5095-7087-6 |
| 6 | 农产品期货 | 978-7-5095-7104-0 |
| 7 | 能化期货 | 978-7-5095-7088-3 |
| 8 | 金融期货 | 978-7-5095-7094-4 |
| 9 | 期权 | 978-7-5095-7217-7 |
| 10 | 场外衍生品 | 978-7-5095-7091-3 |

### （六）全国期货从业人员资格考试参考用书

| 序号 | 书名 | 书号 |
|---|---|---|
| 1 | 期货及衍生品基础（第三版） | 978-7-5223-1005-3 |
| 2 | 期货法律法规与职业道德（第二版） | 978-7-5223-2897-3 |
| 3 | 期货及衍生品分析与应用（第四版） | 978-7-5223-0998-9 |

### （七）服务实体经济系列

| 序号 | 书名 | 书号 |
|---|---|---|
| 1 | 期货行业主力复工复产案例集 | 978-7-5223-0168-6 |
| 2 | 期货服务实体经济案例集 | 978-7-5095-8029-5 |
| …… | …… | …… |

### （八）期货投资者保护丛书

| 序号 | 书名 | 书号 |
|---|---|---|
| 1 | 期海导航——期货投资常识与基础知识 | 978-7-5223-1045-9 |
| 2 | 期海护航——期货交易者合法权益保护 | 978-7-5223-1531-7 |

咨询电话：010-88190912

咨询邮箱：jiayanping@cfemg.cn